MORPHOSIS

ExLibric

MORPHOSIS
© Francisco Cabrera
Diseño de portada: Dpto. de Diseño Gráfico Exlibric

Iª edición

© ExLibric, 2025.

Editado por: ExLibric
c/ Cueva de Viera, 2, Local 3
Centro Negocios CADI
29200 Antequera (Málaga)
Teléfono: 952 70 60 04
Fax: 952 84 55 03
Correo electrónico: exlibric@exlibric.com
Internet: www.exlibric.com

ISBN: 979-13-87528-88-1
Depósito Legal: MA 140-2025

Impresión: PODiPrint
Impreso en Andalucía – España

Nota de la editorial: ExLibric pertenece a Innovación y Cualificación S. L.

FRANCISCO CABRERA

MORPHOSIS

EXLIBRIC

ANTEQUERA 2025

FRANCISCO CABRERA

MORPHOSIS

Dedicatoria

A los inconformistas y a quienes sienten en lo profundo de su ser que la vida es más que un camino predefinido. A todos los que, en silencio o en medio del ruido, se han preguntado si pueden ser más, hacer más, vivir más. A aquellos que, aunque han tropezado y caído, han tenido la fuerza de levantarse una y otra vez, con una visión en su mente y un fuego en su corazón.

A ti, que entiendes que la transformación no es solo un cambio superficial, sino un proceso intenso que exige valentía, compromiso y una voluntad inquebrantable de descubrir tu verdadera esencia. Que sabes que la vida tiene la capacidad de reinventarse a cada instante y que, para lograrlo, debemos abandonar viejas versiones de nosotros mismos.

A cada lector, a cada soñador, a cada buscador incansable que toma estas páginas con el deseo de evolucionar y de ser la versión más auténtica y poderosa de sí mismo.

Este libro es para quienes están dispuestos a desmantelar sus propios límites, a quienes se atreven a escribir una nueva historia.

Que *Morphosis* sea la chispa que encienda ese proceso de crecimiento y transformación que tanto has esperado.

Concepto *morphosis*

El término *morphosis* proviene del griego antiguo y está relacionado con la idea de forma o transformación. Aquí te detallo su etimología y significados en diferentes contextos:

MORPHOSIS (μόρφωσις) deriva de la raíz *morphe* (μορφή), que significa «forma o estructura». En griego antiguo, *MORPHOSIS* puede referirse al proceso de dar forma o de moldear algo, así como a la transformación de una cosa en otra.

Morphe en griego se refiere específicamente a la forma externa o aspecto visible de un objeto, persona o cosa.

Puede hacer referencia tanto a la figura física como a la esencia de algo que adquiere una nueva forma, lo cual es esencial en la idea de transformación.

En biología, el término ha sido adoptado para describir cambios estructurales y de forma en organismos vivos. Se usa para hablar del desarrollo y los procesos de cambio morfológico que experimentan los seres vivos.

En la filosofía antigua, especialmente en el pensamiento platónico y aristotélico, la *morphe* (forma) es un concepto central para entender la esencia de los objetos y seres. Aristóteles distinguía entre la *morphe* (forma) y la *hyle* (materia), donde la forma es lo que le da sentido y estructura a la materia. En este sentido, puede referirse al proceso de adquirir una forma o esencia.

Este hace referencia al proceso de transformación, relacionado con la idea de dar forma o adquirir una nueva forma. El concepto ha sido utilizado en diversas disciplinas para describir procesos de cambio, tanto físicos como filosóficos, y resuena profundamente en la idea de evolución y desarrollo.

En la mitología griega, el dios Morfeo, de quien proviene el término *morfina*, es el dios de los sueños y tiene la habilidad de tomar diferentes formas en los sueños de los mortales. Este concepto de cambio de forma es fundamental en la mitología y nos muestra que también está relacionado con el mundo de lo intangible, los sueños y las ilusiones.

Es un término común en la mitología, donde dioses y mortales cambian de forma para superar obstáculos o alcanzar nuevos niveles de existencia. Las historias de Ovidio, por ejemplo, en su obra, tratan de cambios dramáticos en los personajes, mostrando cómo las transiciones son fundamentales para el desarrollo del ser.

En el ámbito de la biología, es el proceso biológico por el cual un organismo cambia significativamente su estructura desde la juventud hasta la madurez. Los ejemplos más conocidos incluyen la metamorfosis de las mariposas, que pasan por varias etapas desde huevo hasta larva, pupa y, finalmente, adulto.

La morfogénesis es un término relacionado que describe la formación de estructuras en los organismos vivos durante el desarrollo embrionario. Es un concepto clave en la biología del desarrollo, explicando cómo las células se organizan para formar tejidos y órganos específicos.

En la psicología moderna, el concepto podría entenderse en términos de cambio psíquico o transformación personal. Aquí el concepto de «dar forma» o «cambiar de forma» se refiere al proceso de evolución interna que ocurre cuando un individuo enfrenta desafíos, crece y se adapta a nuevas circunstancias.

La idea de una transformación o *Morphosis* psicológica también está vinculada a terapias de crecimiento personal, donde el individuo trabaja en reconfigurar o transformar patrones de pensamiento, emociones y comportamientos para alcanzar un estado de mayor bienestar.

A nivel social y cultural, las sociedades también experimentan procesos a medida que evolucionan y se adaptan a nuevas ideologías, tecnologías y desafíos. La transformación cultural puede ser vista como una *Morphosis* colectiva, donde los valores, las normas y las creencias de una sociedad se transforman a lo largo del tiempo.

En este sentido, podemos ver la *Morphosis* social en momentos de grandes cambios históricos, como las revoluciones o reformas, donde la sociedad se reorganiza y reconfigura para adaptarse a nuevas realidades.

La *Morphosis*, en todas sus variantes y orígenes, es un concepto profundamente humano que abarca el proceso de transformación en múltiples niveles: físico, mental, espiritual y cultural. Es la esencia del cambio, del desarrollo y del crecimiento.

Morphosis

Acabas de empezar la parte más fascinante y exótica de tu vida, porque has decidido dar un giro radical, no solo a tu mentalidad, sino también, si así lo deseas, a tu físico, tu salud, tu nivel socioeconómico y tus relaciones interpersonales. Este no es un cambio superficial; es una profunda transformación, un viaje desde la persona que eres ahora hacia la versión más grandiosa de ti mismo, aquella que siempre has soñado ser.

MORPHOSIS te guiará, paso a paso, en este proceso de evolución personal, donde serás testigo y juez de tu propio crecimiento. Descubrirás que no solo estás creando la vida que deseas vivir, sino que también estarás liberando un potencial que ni siquiera sabías que existía en ti. Este viaje te permitirá acceder a todo aquello que jamás imaginaste que podrías alcanzar.

Imagina ser un ser humano auténtico, rodeado de personas que anhelan estar a tu lado, que desean compartir cada momento contigo. Estarás viviendo una vida vibrante y aprenderás a superar todos los obstáculos que se presenten. Te convertirás en alguien que no solo enfrenta los desafíos, sino que los aborda con resiliencia, transformando cada dificultad en una oportunidad de crecimiento.

La vida es un constante proceso de cambio desde el momento en que nacemos. Cada experiencia, cada relación y cada pensamiento moldean quiénes somos. Sin embargo, muy pocos de nosotros nos detenemos a reflexionar sobre una verdad fundamental: el ser humano tiene el poder de cambiar su vida, de moldearse a sí mismo y de transformarse en la mejor versión de lo que puede ser.

Este libro no trata de magia ni de promesas vacías. *MORPHOSIS* es una guía para aquellos que han decidido que no pueden seguir siendo los mismos y que desean ser diferentes y evolucionar, pero que no saben por dónde empezar.

La transformación personal no es un lujo; es una necesidad, todos estamos llamados a convertirnos en la mejor versión de nosotros mismos, y este libro te proporcionará las herramientas, el conocimiento y las reflexiones necesarias para emprender ese viaje.

Aquí descubrirás que todo lo que has vivido, tanto lo bueno como lo malo, puede ser el combustible para tu transformación; las experiencias pasadas, los errores cometidos y los momentos de duda no son obstáculos, sino lecciones que te han preparado para este momento. Estás listo para cambiar, y la primera señal de que lo estás es que tienes este libro en tus manos.

A lo largo de *MORPHOSIS*, exploraremos cómo tus pensamientos, creencias y acciones diarias han creado la realidad en la que vives; también veremos cómo, con la mentalidad adecuada y una serie de decisiones conscientes, puedes reprogramar tu vida y comenzar a caminar hacia tus metas más profundas. Este no es un cambio superficial; es una transformación que llega al núcleo de tu ser, modificando tu forma de pensar, sentir y actuar.

La transformación no es fácil ni siempre cómoda; a veces requerirá que dejes atrás a personas y/o situaciones que te han acompañado por mucho tiempo; otras veces, te enfrentarás a partes de ti mismo que habías preferido ignorar. Pero todo esto forma parte de un proceso natural.

Este libro no solo es para ti; es para el mundo que te rodea, porque tu transformación tendrá un impacto directo en todos los que te conocen.

Al convertirte en ese ser extraordinario, tus relaciones personales, tu entorno y tus circunstancias cambiarán, así como tu forma de pensar; este es el poder que te otorgará *MORPHOSIS*. Al final, te darás cuenta de que siempre has tenido dentro de ti todo lo que necesitas para alcanzar la vida que deseas.

Así que, si estás listo, si estás dispuesto a enfrentarte a ti mismo y a todo lo que puedes llegar a ser, te invito a sumergirte en esta transición. Este viaje de transformación personal ya ha comenzado, y al otro lado de este proceso, te espera una versión de ti mismo que jamás imaginaste.

Recuerda: cada gran viaje comienza con un solo paso. Al abrir este libro, ya has dado ese paso. La transformación está en tus manos. ¿Estás listo para descubrir el ser extraordinario que hay en ti?

Antes de sumergirte en la historia de Morgan, Chris, Melissa y Taylor, quiero que tomes un momento para sentir lo que está por venir. Este no es un libro común; es una invitación a explorar tu propio poder y a descubrir las capas profundas que aún no has tocado en ti. Cada palabra aquí tiene la intención de despertar en ti algo más grande y fuerte, algo que te impulse hacia la versión más auténtica y poderosa de ti mismo.

A medida que leas las próximas páginas, te invito a abrirte, no solo a la historia, sino a las lecciones que esperan ser reveladas. En cada uno de nosotros hay una chispa que a menudo se queda dormida, esperando el momento perfecto para encenderse. Ese momento es ahora. Las vidas de Morgan, Chris, Melissa y Taylor no son solo relatos para entretenerte; son espejos que reflejan lo que tú también puedes lograr si te permites sentir, soñar y actuar.

Prepárate para explorar la posibilidad de lo que puedes llegar a ser, de lo que siempre has sido, pero quizás no te has atrevido a reclamar. Lee cada palabra con el corazón abierto y la mente despierta, porque este viaje no es solo el de los personajes; es también el tuyo. ¿Estás listo para descubrirlo?

1

Los inicios de Morgan

Morgan nació en un barrio empobrecido, un lugar donde las esperanzas parecían ahogarse bajo el peso de la realidad. Desde pequeño, su madre, una mujer de espíritu indomable, luchaba contra la adversidad y la pobreza. Sus días transcurrían en la cocina de una casa de personas ricas y adineradas, donde se desempeñaba como trabajadora doméstica, en un entorno donde el lujo y el aroma de la comida se entrelazaban con su sudor y sacrificio. Cada mañana, ella se levantaba antes que el sol y el silencio del amanecer, quebrantado solo por el sonido de su viejo reloj. Con su delantal desgastado como única armadura, se entregaba a un trabajo que apenas la recompensaba. A menudo, dejaba un plato caliente de arroz y frijoles para Morgan, una pequeña muestra de amor en medio de la escasez.

La escuela donde Morgan asistía se convirtió en un refugio agridulce para él. Los libros eran puertas a mundos que anhelaba explorar, pero el aula también era un campo de batalla. Morgan, con su cuerpo en sobrepeso, se convirtió en blanco de burlas crueles. Sus compañeros de clase lo acosaban y le decían: «Ballena», «gordo», «comilón». Cada insulto resonaba en su mente como un eco doloroso, hiriendo su autoestima y alimentando su inseguridad.

Sin embargo, en medio de ese sufrimiento, la chispa de la resiliencia se encendía en su interior. Se refugiaba en las historias de héroes y aventuras, donde encontraba consuelo y escapatoria, alimentando un deseo ardiente de cambiar su vida.

A medida que Morgan crecía, su inteligencia brillaba, pero sus inseguridades lo seguían como sombras. A pesar de lograr ingresar a la universidad después de haber ganado una beca, donde estudió finanzas, todavía el peso de su infancia lo acompañaba. El dolor de las burlas aún lo atormentaba y, aunque su mente se llenaba de conocimientos sobre finanzas, su corazón seguía cautivo. Se sentía como un impostor en un mundo que prometía muchas oportunidades.

La imagen que veía en el espejo era un constante recordatorio de sus luchas internas, y aunque el futuro se presentaba lleno de posibilidades, la batalla contra sus demonios personales parecía interminable.

Morgan, que trabajaba como ejecutivo de finanzas en una de las compañías más prestigiosas del momento, con una posición laboral que muchos deseaban tener, era resultado de su inteligencia y dedicación continua.

2

La llegada de Chris

Fue durante una conferencia de finanzas, un evento que parecía, para Morgan, fuera de su alcance, ya que este era muy tímido e inseguro, donde su vida dio un giro inesperado. Allí conoció a Chris, un inversionista que estaba buscando nuevas formas de expandir su capital. Chris era un hombre que irradiaba confianza y carisma. Su risa contagiosa llenaba la sala y su físico atlético, con cuerpo casi perfecto, parecía la encarnación de todo lo que Morgan deseaba ser. Al notar la lucha interna de Morgan, la timidez y la obesidad, Chris se acercó a él con una mirada sincera:

—¡Gran presentación! —le dijo con entusiasmo.

Morgan sintió un torrente de emociones: una gran admiración, pero también envidia por el físico que tenía Chris. Era también una luz en medio de la oscuridad con un destello de esperanza; la calidez de esa interacción encendió algo dentro de él.

Sin embargo, Morgan dudaba, temía que la amabilidad de Chris se desvaneciera como tantos otros intentos de conectar con otras personas en su vida. Pero Chris, con una sonrisa genuina, le lanzó un reto inesperado:

—¿Por qué no hacemos ejercicio juntos? La propuesta hizo que el corazón de Morgan se acelerara; la idea de un gimnasio lo aterraba, pero la energía vibrante y el poder de convencimiento de Chris lo impulsaron a dar ese primer paso, a dejar de lado sus miedos por un momento y al final aceptó ir.

Cuando llegó al gimnasio, la ansiedad lo abrumó totalmente. Las máquinas parecían monstruos intimidantes y la multitud, un mar de miradas que lo juzgaban por su obesidad y apariencia. Pero la voz alentadora de Chris resonaba en su mente, quien lo motivaba constantemente e inspiraba a continuar con cada repetición. Empezaron a hacer efecto positivo en la timidez y la inseguridad de Morgan, quien comenzó a deshacerse de los miedos que lo habían mantenido atado. Las pesas se convirtieron en sus aliadas y el sudor que brotaba de su frente era liberador, como si cada gota llevara consigo una parte de sus inseguridades. En ese espacio, se dio cuenta, con el tiempo, de que no solo estaba transformando su cuerpo, sino que también estaba descubriendo una nueva versión de sí mismo, una versión que se negaba a ser definida por su pasado.

3

La historia de Chris

Mientras Morgan se transformaba físicamente, Chris también lidiaba con sus propios problemas personales. A pesar de que parecía perfecto, por su carisma y físico imponente, creció en un entorno privilegiado, donde el éxito era la norma. Pero, a pesar de sus logros, sentía un vacío que lo consumía.

Las expectativas de su familia de clase alta pesaban sobre él como un bloque gigante en su pecho. A menudo se preguntaba qué era lo que le faltaba, si literalmente lo tenía todo, si había un propósito más allá de las metas financieras que perseguía. Esto le daba espacio a pensar que quizás era la parte espiritual, porque, aunque tenía todo lo que deseaba, la sensación de desconexión lo mantenía despierto por la noche. Chris equilibraba su mundo leyendo libros que trataban sobre temas como la espiritualidad, religión, el alma y Dios, y a cada página que leía, transformaba su mente y percepción mental.

Al ser el mismo testigo de los cambios de Morgan, Chris sintió que su propia búsqueda de significado se reavivaba. Se dio cuenta de que no estaba solo en su anhelo de encontrar un propósito más profundo. Las conversaciones que mantenían se convirtieron en un refugio, un espacio donde podían explorar sus vulnerabilidades. Chris comenzó a compartir con Morgan sus lecturas sobre espiritualidad, Dios y la importancia del equilibrio en la vida.

—La transformación más profunda no es solo física —le decía a Morgan—, se trata de encontrar una razón para levantarse cada mañana —mientras sus ojos brillaban de sinceridad.

Morgan, aunque escéptico, comenzó a abrirse a la idea. En cada sesión de entrenamiento, la conexión entre ellos se fortalecía. Con cada serie de ejercicios, se forjaba una amistad que iba más allá de lo superficial y sus vulnerabilidades se encontraban mutuamente, descubriendo que sus luchas personales eran más similares de lo que pensaban. La lucha de Morgan contra su peso se convirtió en el espejo en el que Chris podía ver su propia batalla contra la insatisfacción y el vacío espiritual.

4

La historia de Melissa

Fue en una de las sesiones de entrenamiento en el gimnasio donde Morgan conoció a Melissa, una arquitecta cuyo éxito era evidente en su andar seguro, la capacidad de las interacciones con las personas y su risa contagiosa. Sin embargo, detrás de su brillante fachada, Melissa lidiaba con una pesada carga. Las decisiones impulsivas y el estilo de vida derrochador la llevaron a acumular una inmensa deuda, a pesar de que había heredado una fortuna de su padre cuando este falleció, lo que la mantenía muy preocupada, enferma y atormentada por la ansiedad y el miedo al fracaso.

La conexión entre Morgan y Melissa floreció inmediatamente. Al escuchar las historias de transformación de él, Melissa se sintió atraída por su autenticidad. Durante una conversación íntima en donde ella le exponía todas las dificultades que estaba pasando a nivel financiero. Morgan, entendiendo su problema, le ofreció su ayuda en la gestión de sus finanzas, un gesto que hizo que las lágrimas se asomaran a los ojos de Melissa. Fue en ese momento que sintió un alivio que nunca había experimentado antes. Compartir su lucha fue como despojarse de un pesado manto que había estado arrastrando durante años.

Morgan, que había conocido el dolor de la inseguridad, se convirtió en su aliado. Juntos trazaron un plan de acción donde cada paso que Melissa daba hacia la libertad financiera era una victoria compartida. Con cada pago que hacía hacia sus deudas, experimentaba un renacer. La sensación de control que comenzaba a tomar forma sobre su vida le devolvía el brillo en los ojos. Mientras se conocían más, la chispa entre ellos creció. Morgan admiraba su inteligencia, determinación y su capacidad de relacionarse con las personas, y Melissa encontraba en él un compañero de lucha que comprendía sus miedos y sus problemas financieros.

5

La historia de Taylor

Taylor, un compañero de trabajo de Morgan, que había trabajado para la empresa durante más de 20 años, esa mañana el director le llamó a la oficina para darle una noticia que cambiaría su vida para siempre. Le notificaba que la gerencia había tomado la decisión de despedirlo por cambios en la empresa, sumergiendo a Taylor en una gran depresión, ya que este pensaba que estaba seguro en su empleo o que era imprescindible. Taylor, que observaba la transformación de Morgan con fascinación, aunque él era un hombre exitoso en el ámbito laboral, la sensación de vacío lo consumía después de aquella noticia fatal. La rutina diaria y la presión mental lo habían mantenido atrapado en un ciclo interminable de estrés. A menudo se preguntaba si había un propósito más allá de su empleo.

Ver a Morgan y su evolución física, que le había transformado la timidez y la inseguridad en una actitud positiva, le dio el empuje que necesitaba para actuar. Un día, mientras se levantaba de la cama, reunió el valor necesario para llamar a Morgan y decirle:

—He notado cuánto has cambiado, me gustaría saber más sobre cómo lograste tu transformación física —le confesó, sintiendo entusiasmo mezclado con curiosidad.

Morgan, triste porque su amigo Taylor había sido despedido, pero a la vez emocionado por compartir su experiencia, le habló sobre la importancia del ejercicio, la alimentación y la espiritualidad en su vida, y le decía que quizás él, después de haber sido despedido, podría tener la oportunidad de emprender su propio negocio. Motivándolo a iniciar algo que nunca había pasado por la mente de Taylor, la pasión en su voz resonó en Taylor, quien deseaba escuchar esa misma inspiración en su propia existencia, quedando fascinado con la idea y decidió acompañar a Morgan al gimnasio, de esa manera podía estar cerca de él para seguir aprendiendo de su transformación física y las ideas acerca del emprendimiento.

Las sesiones de entrenamiento se convirtieron en un espacio seguro donde Taylor podía explorar sus propias luchas. A medida que fortalecía su cuerpo, también comenzó a reflexionar sobre su vida. Las conversaciones con Morgan lo llevaron a cuestionar sus prioridades, a buscar una oportunidad donde él nunca la había visto, emprendiendo de manera inteligente, con su conocimiento que sabía de finanzas, logrando el equilibrio entre su trabajo y su bienestar emocional, y avanzando poco a poco en su propio negocio. A través de la meditación plena que le había sugerido Chris, se convirtieron en sus herramientas para encontrar la paz en su vida agitada, mientras la conexión con Morgan lo impulsaba a seguir adelante.

6

La unión de los cuatro

Con el tiempo, Morgan, Chris, Melissa y Taylor formaron un vínculo inquebrantable. Juntos, comenzaron a entender el verdadero significado de la transformación en diversas áreas que ellos le llamaron *Morphosis*, la idea de que no era solo un cambio físico ni financiero, sino un viaje que abarcaba la mente, el cuerpo y el espíritu. Cada uno traía consigo una historia única, y juntos se apoyaban mutuamente en sus respectivos caminos.

Con el tiempo, Morgan miró hacia atrás y se dio cuenta de lo lejos que había llegado. La imagen que una vez le causaba dolor ahora era un recordatorio de su viaje. Este había encontrado su voz, su camino y su propósito, y había ayudado a otros a hacer lo mismo. Su vida se transformó en un testimonio de lo que era posible cuando uno se atreve a soñar y a actuar.

7

La importancia de la salud física y mental

El tema de la salud también ocupó un lugar central en sus reuniones. Morgan, quien había transformado su físico y superado su batalla contra la obesidad, compartió su enfoque.

—Al principio, pensaba que la pérdida de peso era solo cuestión de ejercicio, pero pronto me di cuenta de que el cambio más importante era mental. El ejercicio físico es solo una pequeña parte; el verdadero trabajo es cambiar tu relación con la comida, suplementos y la autoimagen.

—La salud mental —expresó Chris—, para mí creo que es la base de todo, ya que esta te brinda la capacidad de resistir, con resiliencia, los cambios bruscos que pasan a través de la vida, y así poder afrontarlo, aunque sabemos que la salud física y la mental están interrelacionadas una con otra.

8

El éxito financiero

Durante una de las reuniones del grupo, el tema de las finanzas personales surgió de manera inevitable. Morgan, que había superado su propio reto financiero, compartió su historia con un tono humilde, pero seguro.

—Para mí, todo comenzó cuando decidí que no podía seguir siendo víctima de mi circunstancia. No tenía nada de recurso, ni venía de una familia con buena posición económica. Sabía que a través del arma más poderosa llamada educación todo era posible, que no se trataba solo de trabajar duro, sino de cómo gestionaba el poco dinero que tenía.

Melissa, que había recibido ayuda de Morgan en su crisis financiera, intervino:

—El primer paso para mí fue aceptar la realidad, por dura que fuera. Reconocer mis errores me permitió liberarme de la culpa y empezar de nuevo. Morgan me enseñó a seguir principios financieros esenciales:

»Uno: gastar menos de lo que ganas. Parece básico —dijo Melissa—, pero aprender a vivir por debajo de mis medios fue un desafío. Empecé a hacer un presupuesto realista y a priorizar las necesidades sobre los deseos.

Morgan agregó:

—Dos: inversión inteligente. El dinero que guardas bajo el colchón no trabaja para ti. Empecé a invertir en pequeñas cosas que entendía, como fondos de inversión sencillos y en mi educación financiera. Los beneficios llegaron poco a poco, pero la clave fue la paciencia.

—Tres: diversificar los ingresos. No puedes depender de una sola fuente —dijo Taylor—. Crear múltiples corrientes de ingresos fue una salvación. Ya sea emprendiendo pequeños negocios o invirtiendo en habilidades que generen oportunidades laborales adicionales, siempre hay algo que puedes hacer para no depender solo de un salario.

—Cuatro: Es importante educarse en la escuela y la universidad—expresó Taylor—, pero emprender te lleva al autoconocimiento. Por eso es la madre de todos los retos, aprender que a través de una idea brillante puedes hacerte rico. Claro, para emprender hay que tener capital, y no necesariamente mucho; todo va a depender de las circunstancias económicas que te encuentres.

9

Relaciones humanas y empatía

Uno de los temas más profundos que surgió fue la importancia de las relaciones humanas en su transformación. Chris, que había luchado con la desconexión emocional a pesar de su éxito, fue el primero en abordarlo.

—En un momento, tenía todo lo que pensé que quería, pero estaba solo. Fue la conexión con ustedes lo que me hizo ver que las relaciones, basadas en la empatía y el apoyo mutuo, son tan esenciales como el éxito financiero o físico.

Melissa añadió:

—Somos seres sociales por naturaleza. No importa cuánto avancemos por nuestra cuenta, necesitamos a los demás para mantenernos enfocados. Cuando ayudamos a otros, también nos ayudamos a nosotros mismos.

Morgan sonrió y asintió.

—La empatía no solo transforma a las personas que ayudamos; también nos transforma a nosotros. El amor, el apoyo y la comprensión son combustibles para el alma.

10

La espiritualidad

Con el tiempo, el grupo descubrió que había algo más profundo que los conectaba. Chris fue el primero en mencionar la importancia de la espiritualidad en su transformación.

—Nos hemos centrado mucho en lo físico y lo material, pero hay algo más allá de todo eso: la espiritualidad. No hablo necesariamente de religión, sino de esa conexión con algo más grande que nosotros mismos.

Morgan, que inicialmente era escéptico, comenzó a ver la importancia de esta perspectiva.

—He aprendido que la paz interior no se logra solo con éxito externo. Necesitamos una brújula interna, algo que nos guíe cuando las cosas no salen como planeamos.

Melissa, quien había pasado por momentos de angustia, reflexionó sobre su propio viaje.

—Para mí, la espiritualidad fue aceptar que no podía controlar todo y que debía existir algo más grande que yo. Soltar el control y confiar en que si sigo haciendo lo correcto, con convicción y fe, las cosas eventualmente caerán en su lugar. Esa paz mental y el desarrollo de la espiritualidad es lo que me ha permitido avanzar.

11

Transformación colectiva: de lo personal a lo comunitario

El barrio donde Morgan creció nunca dejó de estar presente en su mente. Cada rincón de ese lugar seguía siendo una parte inquebrantable de su historia, una cicatriz que lo había formado, pero también un lugar donde la esperanza parecía extinguirse rápidamente. Las mismas calles que lo habían visto sufrir ahora parecían pedir a gritos un cambio; Morgan sabía que no podía ignorarlo más.

Fue Morgan quien, durante una noche de reflexión, evaluando los aspectos de cada uno de ellos, propuso la idea de que cada persona, para ser verdaderamente exitosa en la vida, debe pasar por una transformación profunda y que las personas de las que uno se rodea influyen directamente en la forma de pensar, actuar y sentir, lo que modifica directamente las decisiones que tomamos, obteniendo resultados positivos o negativos en el futuro, diciendo que somos el promedio de las cinco personas con las que mayormente invertimos nuestro tiempo. Melissa dijo:

—No se trata solo de nosotros, sino de cómo podemos ayudar a otros en su propia *morphosis* — dijo con pasión y sus ojos en ese momento resplandecían con un brillo de emociones. Morgan, entusiasmado por la idea, expresó:

—He tenido que transformarme tantas veces en mi vida, desde mi niñez, que creo que es la única forma de cambiar nuestras vidas.

Juntos, acordaron crear grupos de apoyo en las redes sociales, donde compartirían sus historias de transformación, un espacio donde las personas podían encontrar apoyo y motivación. *Morphosis* no solo se convertiría en un concepto; se transformó en un movimiento, un faro de esperanza para aquellos que luchaban con sus propias batallas para ser exitosos en la vida.

Las transferencias de conocimientos que inciden en las transformaciones físicas y la empatía se convirtieron en sesiones, donde las personas compartían sus luchas, se reían y se apoyaban mutuamente. Morgan, Chris, Melissa y Taylor se convirtieron en líderes inspiradores, guiando a otros a hacer su propia transformación personal.

Un día, el grupo decidió regresar juntos al barrio donde todo había comenzado en la vida de Morgan. Mientras caminaban por las calles polvorientas y llenas de niños corriendo descalzos, Morgan no podía evitar recordar su propia infancia. Las paredes decrépitas de las casas, los rostros cansados de las madres, los hombres en las esquinas sin rumbo fijo; todo le resultaba tan familiar, tan dolorosamente cercano.

Se detuvo en un punto donde solía jugar cuando era niño y observó un árbol que había sobrevivido al paso del tiempo. Era un árbol robusto, lleno de cicatrices como él.

«Este árbol me dio sombra en mis días más oscuros», pensó y sintió un nudo en la garganta al recordar cómo, en su juventud, había soñado con escapar de ese lugar.

Ahora, con una mezcla de nostalgia y determinación, sabía que su destino era volver, no para huir, sino para ayudar a transformar ese lugar que lo había formado. Morgan cerró los ojos por un momento, respirando el aire denso, cargado de una melancolía que solo los que han conocido la miseria entienden.

Al abrir los ojos, miró a sus amigos, quienes comprendían sin necesidad de palabras lo que pasaba por su mente; habían hecho una promesa silenciosa: devolver a la comunidad lo que la vida les había dado, pero no con caridad, sino con herramientas para que las personas pudieran crear su propio camino, su propia transformación personal. El centro comunitario: un sueño hecho realidad.

Con el impulso de esa promesa, Melissa, con su profesionalidad y experiencia como arquitecta, comenzó a diseñar un centro comunitario que sería el corazón de esa transformación. Pero no era un proyecto fácil. Sabían que se necesitaban mucho más que buenas intenciones. Fueron incansables en la búsqueda de fondos y apoyo, llamaron a puertas, organizaron eventos, y poco a poco comenzaron a recibir donaciones. Fue entonces cuando algo inesperado sucedió: una gran suma de dinero llegó de una fuente que nadie había anticipado.

El donante era un multimillonario empresario de donde la madre de Morgan había trabajado como empleada doméstica, uno de los hombres más ricos del país. Ella había sido un ejemplo de trabajo duro, y su hijo, ahora exitoso gracias a los valores que su madre le había inculcado, vio en el proyecto de Morgan y sus amigos una forma de honrarla, no solo con una cantidad significativa de dinero, sino que se unió a ellos como colaborador, queriendo hacer una diferencia en la vida de los jóvenes. A lo que este afirmó en una nota junto a su donación: «No son solo los políticos los que deben impactar a la comunidad y a la sociedad positivamente; los empresarios somos los que tenemos el verdadero poder y deber de hacerlo, ya que contamos con recursos, y ya sea que lo hayamos conseguido con esfuerzo o disciplina propias, la vida nos ha colocado en una posición privilegiada».

Pero no solo dependían de donaciones externas. Morgan, Chris, Melissa y Taylor también decidieron destinar una gran parte de sus propios recursos. Para ellos, este proyecto no era una inversión económica, sino una inversión en el futuro de la comunidad. Sabían que todo lo que tenían ahora era gracias a las oportunidades que habían recibido y la determinación que habían cultivado. Era su deber dar esa misma oportunidad a otros.

La inauguración:
una nueva era de esperanza

El día de la inauguración del centro comunitario fue un evento memorable. El barrio entero se reunió para presenciar el inicio de algo que prometía ser un cambio profundo para todos. Para muchos, era la primera vez que veían un lugar dedicado exclusivamente a su bienestar, un lugar que no solo les ofrecía ayuda, sino también dignidad y respeto. Los ojos de los más jóvenes brillaban con una curiosidad y esperanza que hacía mucho tiempo no se veía en esas calles.

El centro ofrecía cursos de capacitación en diversas áreas: desde habilidades técnicas hasta desarrollo personal y financiero. Sin embargo, lo más importante que impartían no era un conocimiento académico ni técnico, sino la creencia de que, con la mentalidad correcta, cada persona tenía el poder de cambiar su vida. No importaba cuán oscuro hubiera sido su pasado, ni cuántas veces hubieran caído, ni cuál era su condición socioeconómica; lo importante era que siempre había una oportunidad de levantarse y ser mejor.

En su discurso de apertura, Morgan se paró frente a la multitud del barrio y, con su voz cargada de convicción y poder, y un tono emocionante, dijo:

—Me crie en estas mismas calles, sé lo que es no tener nada, sé lo que es sentir que el mundo te ha dado la espalda. Pero también sé lo que significa encontrar la fuerza para cambiar, resistir y educarse sin muchos recursos. Este centro es un símbolo de que los sueños no tienen límites. Aquí no solo aprenderán habilidades, sino que aprenderán a creer en ustedes mismos. La educación es la herramienta más poderosa que existe para cambiar tus circunstancias actuales, pero no hablo solo de la educación de las aulas, la verdadera transformación comienza con la autoeducación, con la decisión de convertirse en la mejor versión de ustedes mismos. No se trata solo de lo que aprendemos, sino de cómo utilizamos ese conocimiento para imaginarnos un futuro mejor para todos.

A medida que hablaba, las personas del barrio que lo habían visto crecer comenzaron a sentir una conexión más profunda con sus palabras; no era un discurso vacío, era la historia viva de un hombre que había pasado por lo que ellos estaban pasando. Al final, Morgan se dirigió a un grupo de jóvenes en la primera fila y, con una sonrisa llena de convicción, añadió:

—Ustedes pueden llegar tan lejos como quieran; no hay límites. Este centro es solo el comienzo; la verdadera transformación está en cada uno de ustedes. No esperen que alguien venga a rescatarlos; ustedes son sus propios héroes.

Las lágrimas comenzaron a rodar por los rostros de muchos, incluidos los amigos de Morgan; sabían que lo que habían hecho no solo transformaría ese barrio, sino que cambiaría las vidas de esas personas de una forma que ni ellos mismos nunca pensaron que podían hacerlo. Y en ese momento, mientras el sol se ponía detrás de ellos, todos comprendieron que habían logrado algo más grande que cualquier éxito individual: habían creado un legado de esperanza, había comenzado una *morphosis* colectiva.

Quizás, en estos momentos, te encuentres identificándote con alguno de los personajes cuyas historias acabas de leer: Morgan, Chris, Melissa o Taylor. Puede que te veas reflejado en alguno de ellos, porque las circunstancias que estás enfrentando resuenan con lo que tú mismo estás viviendo o has vivido. Tal vez, eres como Morgan, alguien que creció con pocos recursos, sin un camino definido, sin saber por dónde empezar. Quizás, como él, vienes de un barrio humilde, un entorno donde las oportunidades parecían estar fuera de tu alcance y, mientras algunos a tu alrededor prosperaban, tú sentías que las puertas se cerraban antes de que siquiera pudieras tocarlas. Quizás, nunca has tenido acceso a la educación o a las conexiones que otros han tenido. Has visto cómo personas con más recursos alcanzan el éxito con facilidad, mientras que tú te esfuerzas en cada paso. Puede que sientas que el sistema está diseñado para otros, que tu punto de partida te ha puesto en desventaja y que, a pesar de tus esfuerzos, no ves cómo salir adelante. Quizás, hasta ahora, has sentido que la vida te ha llevado por caminos que no escogiste, y que tu potencial sigue sin aprovecharse.

Quizás, te identificas con Chris, alguien que ha tenido todo a su favor desde el principio. Nacido en una familia de clase alta, rodeado de oportunidades, nunca ha tenido que luchar por las necesidades básicas. Sus estándares de éxito, sin embargo, siempre han sido elevados. Tal vez, como Chris, has crecido en un entorno donde las expectativas son muy altas, donde los éxitos materiales y sociales son las normas, y el fracaso es visto como algo inaceptable. A pesar de todo lo que tienes, un vacío interior te consume; no importa lo que consigas, sientes que siempre falta algo. Quizás estás físicamente en forma, bien parecido, con todo lo que otros envidiarían, pero no puedes evitar preguntarte por qué, a pesar de todo, te sientes incompleto.

Puede que, en cambio, te veas reflejado en Melissa, una mujer que, desde el exterior, parece tener todo bajo control. Su habilidad para relacionarse con las personas la ha llevado a liderar una empresa con más de 300 empleados, quienes la admiran por su capacidad para manejar a las personas y los problemas con una calma y eficiencia envidiables. Sin embargo, detrás de esa imagen de éxito, Melissa luchó con una vida financiera caótica. Quizás, como ella, aparentas tenerlo todo resuelto, pero te enfrentas a una realidad económica complicada. Tal vez, te has dejado llevar por el deseo de vivir una vida lujosa, desenfrenada, y ahora ves cómo esos excesos financieros te están ahogando lentamente. Has sido excelente en tu trabajo, en tus relaciones, pero en la gestión de tu propia vida económica sientes que te falta control.

Quizás, como Taylor, tu historia es la de alguien que trabajó incansablemente, pensando que su puesto en la empresa era seguro, creyendo que su esfuerzo y dedicación lo hacían imprescindible. Tal vez tú también has sentido esa seguridad laboral, hasta que la realidad te golpeó con fuerza: nadie es imprescindible. Puede que, como Taylor, hayas sido despedido inesperadamente, o que te hayas dado cuenta de que, aunque diste todo por tu trabajo, este nunca te perteneció realmente. Y ahora te encuentras obligado a emprender, no por elección, sino porque las circunstancias te empujaron a ello, o tal vez, al contrario, siempre has sido un emprendedor de corazón, alguien que nació con el deseo de crear algo propio, pero los desafíos del camino te han hecho dudar de tu capacidad para triunfar.

Cualquiera que sea tu situación o alguna en particular, si te identificas con alguno de estos personajes, no te preocupes. Este libro está aquí para mostrarte el camino. Lo que has leído hasta ahora no es solo una historia ajena, sino una invitación a reflexionar sobre tu propia vida. Morgan, Chris,

Melissa y Taylor encontraron sus respuestas, y tú también puedes encontrarlas. La clave está en los próximos pasos, en los fundamentos sobre los que construyeron su transformación, los cuales te vamos a detallar a continuación. Ya hemos recorrido la parte inicial de sus historias, y ahora es el momento de sumergirnos en los cuatro aspectos fundamentales que marcaron la diferencia en sus vidas. Estos pilares no solo los ayudaron a superar las adversidades, sino que también los guiaron hacia un estado de transformación plena, en el que alcanzaron el éxito y la realización personal que antes parecía imposible.

La salud física y mental

Comenzaremos explorando el impacto de cuidar el cuerpo y la mente; no se puede lograr una transformación duradera sin una base sólida de bienestar. Veremos cómo ellos abordaron sus problemas de salud, tanto físicos como emocionales, y cómo ese cambio les permitió desbloquear su potencial totalmente.

¿Qué es la salud física?

La salud física es un estado de bienestar que se caracteriza por el funcionamiento óptimo del cuerpo y sus sistemas. No se trata únicamente de la ausencia de enfermedades o condiciones médicas, sino de una condición integral que permite a las personas llevar a cabo sus actividades diarias con energía y vitalidad. La salud física abarca varios aspectos que contribuyen al funcionamiento general del organismo.

Características de la salud física

1. Funcionamiento adecuado de los sistemas corporales: la salud física implica que los sistemas cardiovasculares, respiratorios, musculoesqueléticos, digestivos y otros funcionen correctamente. Esto significa que el corazón bombea sangre de manera eficiente, los pulmones intercambian oxígeno y dióxido de carbono de forma efectiva,

y los músculos tienen la fuerza y resistencia necesarias para realizar actividades cotidianas.

2. Capacidad de adaptación: una persona con buena salud física puede adaptarse a diferentes situaciones y demandas. Esto incluye la capacidad de recuperarse de lesiones o enfermedades y de manejar el estrés físico. La resiliencia del cuerpo es un indicador clave de salud física.

3. Energía y vitalidad: la salud física se refleja en los niveles de energía y vitalidad que una persona experimenta a lo largo del día. Esto no solo se relaciona con la fuerza física, sino también con la energía general y la motivación para participar en diversas actividades.

4. Composición corporal: la salud física también se puede evaluar a través de la composición corporal, que incluye la proporción de masa muscular, grasa y otros tejidos. Una composición corporal saludable contribuye a un funcionamiento eficiente y a una menor predisposición a enfermedades.

5. Interconexión con la salud mental: la salud física está íntimamente relacionada con la salud mental. El bienestar físico puede influir en el estado emocional y viceversa. Por ejemplo, una persona que se siente físicamente bien tiende a experimentar un estado de ánimo más positivo, mientras que el estrés y la ansiedad pueden manifestarse físicamente a través de síntomas como fatiga o dolor.

6. Condición general y longevidad: la salud física está ligada a la calidad de vida y a la longevidad. Mantener un estado físico adecuado puede prevenir muchas enfermedades crónicas y mejorar la calidad de vida a medida que envejecemos.

7. Factores que influyen: aunque la salud física es una responsabilidad individual, está influenciada por una variedad de factores externos, como el entorno, la genética, la cultura y el acceso a servicios de salud. Estos elementos juegan un papel importante en determinar el estado de salud de una persona.

La salud física es un estado dinámico que va más allá de, simplemente, estar libre de enfermedades. Implica el funcionamiento eficiente del cuerpo, la capacidad de adaptarse y recuperarse, y una interrelación con la salud mental y emocional. A medida que avanzamos en *Morphosis*, será esencial comprender esta complejidad para abordar de manera integral ese proceso.

Alimentación balanceada

La alimentación es la base de una buena salud física. Mantener una dieta equilibrada, rica en frutas, verduras, proteínas, grasas saludables y carbohidratos complejos es esencial para proporcionar al cuerpo los nutrientes que necesita para funcionar correctamente.

— Macronutrientes y micronutrientes: comer una variedad de alimentos asegura la ingesta de proteínas (para la reparación muscular), grasas saludables (para la función cerebral y hormonal) y carbohidratos (como fuente principal de energía). Los micronutrientes (vitaminas y minerales) también son esenciales para prevenir deficiencias que puedan debilitar el sistema inmunológico.

— Hidratación: el agua es fundamental para todas las funciones corporales. Beber al menos 2-3 litros de agua al día ayuda a mantener los órganos funcionando correctamente, regula la temperatura corporal y facilita la eliminación de toxinas.

Ejercicio regular: movimiento como medicina

El cuerpo humano está diseñado para moverse, y el ejercicio no solo mejora la condición física, sino también la salud mental.

— Entrenamiento cardiovascular: actividades como correr, nadar o andar en bicicleta mejoran la salud del corazón, aumentan la capacidad pulmonar y ayudan a quemar calorías. Es recomendable hacer al menos 150 minutos de ejercicio moderado a la semana.

- Entrenamiento de fuerza: levantar pesas o hacer ejercicios de resistencia fortalece los músculos y los huesos, previniendo enfermedades como la osteoporosis y mejorando la postura y el equilibrio.

- Flexibilidad y movilidad: ejercicios como yoga o pilates aumentan la flexibilidad, previenen lesiones y ayudan a mejorar la postura corporal.

Sueño reparador: el rejuvenecimiento nocturno

El sueño es un proceso esencial para la reparación y el mantenimiento del cuerpo. Dormir de 7 a 9 horas por noche permite que el cuerpo se recupere del desgaste diario y fortalece el sistema inmunológico.

- Ciclo del sueño: durante el sueño profundo, el cuerpo libera hormonas como la hormona del crecimiento, que ayuda en la regeneración de tejidos y la construcción muscular. Además, el sueño REM contribuye a la consolidación de la memoria y mejora la función cognitiva.

Control de peso y mantenimiento de la composición corporal

Mantener un peso saludable está asociado con un menor riesgo de enfermedades crónicas como la diabetes tipo 2, enfermedades cardíacas y ciertos tipos de cáncer.

– Índice de Masa Corporal (IMC): un IMC adecuado entre 18,5 y 24,9 es generalmente considerado saludable. Sin embargo, también es importante evaluar la composición corporal: una persona con mayor masa muscular puede tener un IMC más alto, pero gozar de una excelente salud.

Descanso activo y recuperación

El descanso no solo implica dormir, sino también dar al cuerpo tiempo para recuperarse entre actividades intensas. Incorporar días de descanso y prácticas de recuperación activa, como estiramientos ligeros o caminatas, ayuda a evitar el agotamiento muscular y las lesiones.

Prevención y chequeos médicos

La prevención es clave en la salud física. Realizarse chequeos médicos regulares y exámenes preventivos ayuda a detectar problemas de salud en etapas tempranas.

– Exámenes periódicos: controlar la presión arterial, los niveles de colesterol y realizarse pruebas de detección para cánceres comunes son medidas que pueden prolongar la vida y mejorar su calidad.

En resumen, mantener una buena salud física se basa en la combinación de una nutrición adecuada, ejercicio regular, buen descanso, manejo del peso y la prevención proactiva. Estos pilares trabajan en conjunto para fortalecer el cuerpo y protegerlo contra enfermedades a largo plazo.

La salud mental

¿Qué es la salud mental?

La salud mental es un estado de bienestar emocional, psicológico y social que afecta cómo pensamos, sentimos y actuamos. No se limita a la ausencia de trastornos mentales, sino que abarca una variedad de factores que influyen en el funcionamiento óptimo de la mente. La salud mental es fundamental para la calidad de vida y se manifiesta en la capacidad de afrontar los desafíos de la vida, manejar el estrés, desarrollar relaciones significativas y tomar decisiones informadas.

En su esencia, la salud mental incluye la capacidad de experimentar y regular emociones, como la alegría, la tristeza y la frustración. Implica también un autoconocimiento saludable, lo que permite a las personas reconocer y aceptar sus pensamientos y sentimientos. Una buena salud mental se refleja en la resiliencia, es decir, la capacidad de recuperarse de situaciones adversas y adaptarse a los cambios.

Las relaciones interpersonales son otro aspecto crítico de la salud mental. Las personas con buena salud mental tienden a mantener relaciones positivas, basadas en la confianza y la comunicación efectiva. Estas relaciones proporcionan un soporte emocional esencial y contribuyen al bienestar general.

Además, la salud mental tiene un impacto significativo en la salud física. Problemas de salud mental pueden manifestarse en síntomas físicos y viceversa. Por ejemplo, el estrés y la ansiedad pueden contribuir a problemas de salud, mientras que una buena salud física puede mejorar el estado mental. La salud mental está influenciada por diversos factores externos, incluyendo el entorno social, la cultura, las experiencias de vida y el acceso a recursos de salud mental. Es importante reconocer que la salud mental no es estática; puede fluctuar a lo largo de la vida en respuesta a diferentes circunstancias, desafíos y experiencias. La salud mental es un componente integral del bienestar humano que influye en todos los aspectos de la vida. Es crucial para el desarrollo personal, la resiliencia ante adversidades y la construcción de relaciones significativas, y debe ser considerada en conjunto con la salud física para alcanzar un estado de bienestar completo.

Gestión del estrés: mantener el equilibrio emocional

El estrés crónico puede afectar tanto el cuerpo como la mente, debilitando el sistema inmunológico y provocando problemas como la ansiedad y la depresión.

- Técnicas de relajación: prácticas como la meditación, la respiración profunda y la atención plena (*mindfulness*) ayudan a reducir el estrés al calmar la mente y relajar el cuerpo. La meditación regular ha demostrado ser efectiva en la disminución de los niveles de cortisol, la hormona del estrés, mejorando la respuesta emocional y promoviendo la claridad mental.

— *Mindfulness* y conciencia plena: esta práctica implica estar presente en el momento actual sin juzgarlo. Se ha demostrado que reduce la ansiedad y mejora la salud mental al enfocar la mente en el presente, evitando la preocupación por el futuro o la culpa por el pasado.

Autoimagen y creencias personales

La forma en que percibimos y valoramos a nosotros mismos influye directamente en nuestra salud mental. Tener una autoimagen positiva y desarrollar una autoestima saludable son cruciales para mantener una mentalidad equilibrada.

— Autoaceptación: aceptar nuestras fortalezas y debilidades, y reconocer que no somos perfectos, nos permite enfrentarnos al mundo con confianza y serenidad. Practicar la autocompasión, en lugar de la autocrítica, fomenta una mayor resiliencia emocional.

— Cambiando creencias limitantes: muchas veces, las creencias que formamos sobre nosotros mismos son las que determinan nuestra realidad. Reevaluar y cambiar las creencias limitantes es esencial para superar barreras mentales y alcanzar nuestro máximo potencial. Al reprogramar la mente subconsciente con pensamientos positivos y realistas, se abre la puerta a nuevas posibilidades.

Relaciones sociales y apoyo emocional

Las conexiones humanas juegan un papel vital en la salud mental. Tener relaciones sólidas y de apoyo con amigos, familiares y la comunidad proporciona un sentido de pertenencia y reduce la soledad, que puede ser perjudicial para la salud mental.

— Red de apoyo: cultivar relaciones auténticas y de apoyo ayuda a reducir los niveles de estrés y brinda un espacio seguro para expresar emociones. Las interacciones sociales estimulan la liberación de oxitocina, conocida como la hormona del «bienestar», que combate el estrés y promueve la calma.

— Establecimiento de límites: es igualmente importante establecer límites saludables en nuestras relaciones para evitar el agotamiento emocional y proteger nuestra paz mental.

Mente activa:
el poder del aprendizaje continuo

La salud mental no solo se trata de manejar las emociones, sino también de mantener la mente activa y en crecimiento.

Aprendizaje continuo: desafiarse con nuevas habilidades o conocimientos es esencial para la salud cerebral. Estudios muestran que aprender cosas nuevas, como un idioma o una habilidad artística, estimula las neuronas y promueve la plasticidad cerebral, lo que puede prevenir el deterioro cognitivo.

Creatividad y expresión: participar en actividades creativas como escribir, pintar o tocar música puede ser un escape saludable que ayuda a procesar emociones y a liberar tensiones.

Equilibrio entre el trabajo y la vida personal

Un desequilibrio entre las responsabilidades laborales y el tiempo de descanso o recreación puede llevar al agotamiento, un fenómeno que afecta tanto la productividad como la salud mental.

En resumen, la salud mental está profundamente entrelazada con nuestras emociones, pensamientos y relaciones. Al igual que el cuerpo necesita ejercicio y una buena alimentación, la mente necesita equilibrio, descanso y estímulo para prosperar. Al trabajar en ambos aspectos de la salud, física y mental, podemos alcanzar un estado de bienestar integral.

La salud física y mental están inextricablemente conectadas, y mantener un equilibrio entre ambas es esencial para lograr un bienestar integral. Al cuidar el cuerpo a través de la nutrición, el ejercicio y el descanso, estamos también favoreciendo la salud mental, mientras que la gestión del estrés, el autocuidado emocional y la conexión social fortalecen nuestra resiliencia psicológica. La clave radica en entender que el cuerpo y la mente forman un todo interdependiente, y que tanto la autoimagen como nuestras creencias personales influyen en el estado de salud general. Transformar nuestra percepción de nosotros mismos, reevaluar nuestras creencias limitantes y practicar la autoaceptación nos permite desbloquear un potencial increíble para vivir una vida plena y equilibrada.

Las finanzas y el dinero

La estructura socioeconómica y el dinero

En cualquier sociedad, la existencia de una élite económica es fundamental para el funcionamiento del sistema en su conjunto. Desde la antigüedad, todos los países, imperios y naciones han tenido una jerarquía social que incluye diferentes niveles económicos y sociales. Esta estructura abarca desde una élite económica en la cima, pasando por la clase alta y la clase media, hasta llegar al sector de bajo nivel socioeconómico, que generalmente representa alrededor del 95 % de la población en cualquier sistema económico.

La naturaleza de esta jerarquía social tiene un impacto profundo en cómo las personas perciben su lugar en el mundo y las oportunidades que tienen para mejorar su situación. Aquellos que se encuentran en niveles socioeconómicos más bajos suelen tener el deseo de elevarse a la clase media, que se asocia con una vida de mayores comodidades y estabilidad. Por otro lado, la clase media, al alcanzar cierto nivel de confort, aspira a ascender hacia la clase alta, que se caracteriza por un mayor acceso a recursos y privilegios. Esta dinámica no se detiene ahí; la clase alta, que a menudo ya disfruta de una vida de lujos y oportunidades, tiene la tendencia a consolidar su posición dentro de la élite, buscando el control y la influencia sobre la economía y la sociedad.

Sin embargo, es crucial entender que el resentimiento hacia aquellos que ocupan posiciones más altas en esta jerarquía no es la respuesta adecuada. Muchas veces, las personas en niveles socioeconómicos inferiores miran hacia arriba con rencor o frustración, sintiéndose atrapadas en una situación de desventaja. Este enfoque puede ser perjudicial, ya que no solo consume energía emocional, sino que también desvía la atención de lo que realmente importa: nuestro propio crecimiento y desarrollo personal.

En lugar de mirar a las personas en niveles superiores con envidia o resentimiento, debemos adoptar una perspectiva más constructiva. La clave está en observar y aprender de quienes han logrado ascender en esta jerarquía social. A menudo, aquellos en posiciones más altas han enfrentado desafíos, aprendido lecciones valiosas y desarrollado habilidades que les han permitido prosperar. La admiración y el respeto por sus logros pueden inspirarnos a mejorar nuestra propia situación.

Para lograr un cambio significativo en nuestra posición, es fundamental comprender cómo funcionan los sistemas financieros y qué es el dinero en realidad. El dinero no es solo un medio de intercambio; es una herramienta poderosa que, cuando se entiende y se utiliza correctamente, puede facilitar el ascenso social y económico. Aprender a manejar el dinero, invertir sabiamente y entender las dinámicas del mercado son habilidades cruciales que pueden ayudarnos a elevarnos por encima de las circunstancias en las que la vida nos ha colocado.

El dinero, en su esencia, representa oportunidades. Es un recurso que puede abrir puertas, facilitar el acceso a la educación, permitir la creación de negocios y generar un impacto positivo en nuestras vidas y en las de los demás. La falta de educación financiera a menudo limita a las personas en su capacidad para gestionar y multiplicar sus recursos. Por lo tanto, invertir tiempo en aprender sobre finanzas, ahorro e inversión es un paso fundamental hacia la mejora de nuestra situación socioeconómica.

Además, es importante reconocer que el crecimiento personal y financiero es un viaje que implica una combinación de educación, esfuerzo, perseverancia y la capacidad de adaptarse a las circunstancias cambiantes. Cada paso que damos hacia el desarrollo de nuestras habilidades y la comprensión del sistema en el que operamos nos acerca más a nuevas oportunidades. Al enfocarnos en nuestro desarrollo y en cómo podemos contribuir positivamente a nuestra comunidad, podemos abrir las puertas a un futuro más brillante y satisfactorio.

La estructura socioeconómica en la que vivimos puede parecer rígida y, a menudo, desalentadora. Sin embargo, cada individuo tiene el poder de tomar decisiones que pueden transformar su vida y su entorno. En lugar de dejarse llevar por el resentimiento, es esencial adoptar una mentalidad de crecimiento y empoderamiento. Al entender el funcionamiento del dinero y los sistemas financieros, y al enfocarse en nuestro propio desarrollo, podemos elevarnos por encima de las circunstancias impuestas por la vida y construir un futuro en el que la riqueza, tanto financiera como personal, esté al alcance de nuestras manos. Este pilar es superimportante. Aunque muchas personas dicen que el dinero no es importante, en realidad sí lo es; este es una herramienta que ha sido utilizada desde el principio de las civilizaciones y, por lo general, está asociado con lo negativo. El control sobre las finanzas es esencial para cualquier transformación. Ya sea como Melissa, que tuvo que aprender a gestionar su vida económica, o como Taylor, que descubrió el valor de emprender después de un despido inesperado, aprender a dominar el dinero fue crucial para su éxito. Aquí te mostraremos cómo ellos lograron tomar el control de su situación financiera y convertir el dinero en una herramienta, no en un obstáculo.

1.1. Definición del dinero

El dinero es un medio de intercambio aceptado en la sociedad para el comercio de bienes y servicios. Funciona como un estándar de valor, un almacén de valor y una unidad de cuenta. Es una herramienta que facilita el comercio y permite a las personas acumular riqueza de manera que sea medible y transferible.

Aunque hoy en día el dinero se manifiesta en forma de billetes, monedas e incluso de manera digital, su esencia sigue siendo la misma: una representación del valor que la sociedad acuerda darle. El dinero, en sí mismo, no tiene valor intrínseco, sino que su valor se basa en la confianza que las personas tienen en su capacidad para ser intercambiado por bienes y servicios.

1.2. El dinero como herramienta

El dinero es esencialmente una herramienta que facilita transacciones y permite a las personas asignar valor a productos, servicios o incluso ideas. Sin embargo, es crucial entender que el dinero no es un fin en sí mismo, sino un medio para alcanzar ciertos objetivos. Las personas que prosperan financieramente son aquellas que aprenden a ver el dinero como una herramienta para crear valor, resolver problemas y mejorar su calidad de vida.

Al comprender que el dinero es un medio, eliminamos la noción de que su acumulación es un fin último. En cambio, nos enfocamos en cómo podemos usarlo para generar impacto y oportunidades.

1.3. La base del dinero: confianza y valor

El sistema monetario en cualquier sociedad moderna está basado en confianza. Esto significa que confiamos en que un billete de banco o una transferencia digital tiene el mismo valor que un bien o servicio que queremos adquirir. En el pasado, el valor del dinero estaba respaldado por activos tangibles como el oro (el estándar oro), pero, hoy en día, el dinero está basado principalmente en confianza fiduciaria.

Valor intrínseco vs. Valor percibido: el dinero por sí mismo no tiene un valor real; más bien, es el consenso social sobre su utilidad lo que le da valor. El trabajo, las ideas, el conocimiento y los recursos crean valor intrínseco, mientras que el dinero solo lo representa de manera tangible.

1.4. La prosperidad financiera

La prosperidad financiera no se trata simplemente de acumular dinero, sino de crear valor de manera sostenida. Las personas prósperas son aquellas que constantemente buscan formas de aportar valor a los demás, ya sea resolviendo problemas, brindando servicios o creando productos que mejoran la vida de otros.

Ciclo del dinero: aquellos que entienden que el dinero fluye hacia donde más valor se crea están en una mejor posición para prosperar.

Después de entender qué es el dinero y en qué se basa, es fundamental abordar el siguiente paso: cómo desarrollar hábitos financieros sólidos que permitan a una persona prosperar y gestionar su dinero de manera eficiente.

2.1. La importancia de los hábitos financieros

Los hábitos financieros se refieren a las acciones cotidianas que tomamos en relación con el dinero. Estos hábitos, a menudo subconscientes, pueden determinar si prosperamos financieramente o si luchamos constantemente con problemas económicos. Desarrollar buenos hábitos financieros es clave para construir una base económica sólida a largo plazo.

2.2. Hábitos de ahorro y administración

El ahorro es una de las bases fundamentales para la prosperidad financiera. No se trata solo de guardar dinero, sino de administrarlo de manera eficiente. Aquí algunas prácticas esenciales:

— Paga primero a ti mismo: antes de gastar, aparta una parte de tus ingresos para el ahorro. Idealmente, al menos un 10 % o más. Esto asegura que siempre tengas un fondo de respaldo para emergencias o para aprovechar oportunidades futuras.

— Establece metas de ahorro: define metas específicas, como ahorrar para la compra de una casa, para invertir en un negocio o para la jubilación. Tener un propósito claro te motiva a ser más constante.

— Crea un presupuesto: un presupuesto es una herramienta básica que te permite saber hacia dónde va tu dinero cada mes. Te ayudará a identificar áreas de mejora y a controlar mejor tus gastos.

2.3. El poder del interés compuesto

Una de las claves para la prosperidad financiera es entender y utilizar a tu favor el interés compuesto. Este concepto implica que los rendimientos obtenidos sobre una inversión generan, a su vez, más rendimientos con el tiempo.

- Invierte temprano: cuanto antes comiences a invertir o a ahorrar, mayor será el efecto del interés compuesto en tu capital. El tiempo es tu aliado cuando se trata de construir riqueza.

- Deja que tus inversiones crezcan: la paciencia es clave. En lugar de retirar tus ganancias tempranas, deja que se reinviertan y generen aún más ingresos a largo plazo.

2.4. Control de gastos y consumo consciente

Un mal hábito financiero común es el consumo excesivo o impulsivo. Para prosperar financieramente, es esencial tener control sobre tus gastos y evitar deudas innecesarias.

Gasta menos de lo que ganas. Esta regla básica es esencial para cualquier persona que quiera acumular riqueza. Si constantemente gastas más de lo que ganas, terminarás en un ciclo de deudas.

Diferencia entre deseos y necesidades. Aprender a distinguir entre lo que realmente necesitas y lo que simplemente deseas es fundamental para tomar decisiones financieras más inteligentes. No todo gasto es necesario o urgente.

Crear fuentes de ingresos diversificadas. La importancia de diversificar las fuentes de ingresos para garantizar estabilidad y crecimiento financiero a largo plazo. La dependencia de una sola fuente de ingresos, como un salario, puede ser riesgosa, ya que cualquier cambio inesperado, como la pérdida de empleo o una crisis económica, puede afectar gravemente tu situación financiera. Diversificar te protege contra estos riesgos y aumenta las oportunidades para generar riqueza.

3.1. El ingreso activo y pasivo

Ingreso activo es el dinero que recibes a cambio de tu tiempo y esfuerzo, como el salario que obtienes por tu trabajo o los honorarios por servicios prestados.

El Ingreso pasivo es el dinero que fluye hacia ti de manera continua sin necesidad de que estés constantemente involucrado. Ejemplos incluyen alquileres, regalías, inversiones en dividendos o ingresos por intereses.

El objetivo principal para alcanzar la libertad financiera es aumentar tus fuentes de ingreso pasivo para que no dependas exclusivamente de tu tiempo y esfuerzo.

3.2. Inversiones y creación de activos

Crear nuevas fuentes de ingresos implica la adquisición o creación de activos financieros. Los activos son recursos que generan dinero a lo largo del tiempo. Algunas formas comunes de activos incluyen:

— Inversiones en Bolsa: comprar acciones que te permitan recibir dividendos o que crezcan en valor a lo largo del tiempo.

— Bienes raíces: invertir en propiedades que puedes alquilar o vender a un precio más alto.

— Negocios: iniciar un negocio que pueda operar de manera relativamente autónoma o que con el tiempo se pueda escalar para generar ingresos significativos.

3.3. Monitoreo y ajustes

Diversificar tus fuentes de ingresos requiere también monitorear constantemente cómo está funcionando cada fuente y hacer ajustes cuando sea necesario. El mundo financiero está en constante cambio, por lo que es fundamental revisar periódicamente tus inversiones y otros ingresos para asegurarte de que están rindiendo de acuerdo con tus expectativas.

Estrategias para el manejo efectivo del dinero

El manejo efectivo del dinero es esencial para alcanzar la prosperidad financiera. En este módulo, exploraremos estrategias prácticas y consejos para gestionar tus finanzas de manera que maximices tu potencial económico y te acerques a tus metas financieras.

1. Establecimiento de metas financieras

- Definición de objetivos: comienza por definir metas financieras claras y alcanzables. Estas pueden ser a corto, medio y largo plazo, como ahorrar para un viaje, comprar una casa o planificar la jubilación.

- SMART *Goals*: asegúrate de que tus metas sean Específicas, Medibles, Alcanzables, Relevantes y con un Tiempo definido.

2. Presupuesto personal

- Creación de un presupuesto: un presupuesto es una herramienta clave para entender tus ingresos y gastos. Detalla tus ingresos mensuales y divide tus gastos en categorías como alimentación, vivienda, entretenimiento y ahorros.

- Seguimiento de gastos. Utiliza aplicaciones u hojas de cálculo para realizar un seguimiento de tus gastos y ajusta tu presupuesto según sea necesario.

3. Ahorro e inversión

— Fondo de emergencia: es fundamental tener un fondo de emergencia que cubra de tres a seis meses de gastos. Esto te dará seguridad financiera y te protegerá de imprevistos.

— Inversiones inteligentes: considera invertir en activos que generen ingresos, como acciones, bonos, bienes raíces o fondos de inversión. Educarte sobre inversiones puede aumentar tu patrimonio a largo plazo.

4. Control de deudas

— Manejo de deudas: es esencial mantener un control sobre las deudas. Prioriza el pago de deudas con altas tasas de interés y evita acumular deudas innecesarias.

— Estrategias de pago: utiliza métodos como la «bola de nieve» (pagar primero las deudas más pequeñas) o la «avalancha» (pagar primero las deudas con mayor interés) para gestionar y eliminar deudas.

5. Educación financiera continua

— Leer y aprender: la educación financiera es un proceso continuo. Lee libros, asiste a seminarios y sigue cursos sobre finanzas personales para mejorar tu conocimiento y habilidades.

— Asesoramiento profesional: considera trabajar con un asesor financiero si necesitas ayuda personalizada para planificar tus inversiones y estrategias financieras.

La mentalidad de la riqueza

La mentalidad que adoptamos respecto al dinero y la prosperidad es fundamental para nuestro éxito financiero. Exploraremos cómo nuestra mentalidad puede influir en nuestras decisiones financieras y en nuestra capacidad para atraer riqueza.

1. Definición de mentalidad de riqueza

La mentalidad de riqueza se refiere a la creencia de que es posible alcanzar el éxito financiero y que el dinero puede fluir hacia nosotros. Se basa en una visión positiva y abundante del mundo.

2. Creencias limitantes

— Identificación de creencias: es crucial reconocer y desafiar las creencias limitantes que pueden obstaculizar nuestra capacidad para generar y mantener riqueza. Frases como «no soy bueno con el dinero» pueden convertirse en profecías autocumplidas.

— Reemplazo de creencias: sustituye las creencias negativas por afirmaciones positivas. Por ejemplo, en lugar de pensar «no puedo ahorrar», piensa «estoy aprendiendo a administrar mis finanzas».

3. Visualización y manifestación

— Visualización activa: imagina tus metas financieras con claridad. Visualizar el éxito financiero puede ayudarte a crear una conexión emocional con tus objetivos, lo que puede motivarte a actuar.

— Técnicas de manifestación: utiliza técnicas como la Ley de Atracción, donde tus pensamientos y emociones pueden atraer experiencias positivas y oportunidades.

4. Mentalidad de crecimiento

— Adopción de una mentalidad de aprendizaje: reconoce que cada error o fracaso es una oportunidad de aprendizaje. En lugar de ver las dificultades financieras como fracasos, míralas como lecciones valiosas.

— Flexibilidad y adaptabilidad: mantén una actitud abierta hacia nuevas oportunidades y cambios en el mercado. Esto te permitirá ajustar tus estrategias financieras según sea necesario.

5. Rodearte de influencias positivas

— Construcción de una red de apoyo: rodéate de personas que tengan una mentalidad de riqueza y que te inspiren a crecer. Esto puede incluir mentores, amigos y profesionales que compartan tus objetivos.

— Consumo de contenido inspirador: lee libros, escucha *podcasts* y asiste a conferencias que promuevan una mentalidad positiva hacia el dinero y la prosperidad.

Desarrollar una mentalidad de riqueza no solo impacta tus decisiones financieras, sino que también puede cambiar tu vida en general. Al desafiar creencias limitantes, visualizar tus metas y rodearte de influencias positivas, puedes abrir la puerta a nuevas oportunidades y a una vida financiera próspera.

Implementar estas estrategias puede llevarte a un manejo más efectivo del dinero y, en última instancia, a la prosperidad financiera. Recuerda que el cambio no ocurrirá de la noche a la mañana; la consistencia y el compromiso son clave para alcanzar tus metas financieras.

Relaciones humanas: la naturaleza social de los seres humanos

Desde los primeros días de la humanidad, los seres humanos han sido, por naturaleza, seres sociales. Nuestra existencia ha estado marcada por la necesidad de conectarnos con otros, ya que la supervivencia ha dependido en gran medida de nuestra capacidad para colaborar y formar comunidades. En la Antigüedad, nuestros ancestros enfrentaban constantes peligros: ataques de depredadores, condiciones climáticas adversas y conflictos con otros grupos humanos. Estas circunstancias adversas fomentaron no solo la creación de lazos sociales, sino también el desarrollo de habilidades colectivas que permitieron a las comunidades sobrevivir y prosperar.

Con el tiempo, la interrelación entre individuos se volvió esencial no solo para la supervivencia física, sino también para el desarrollo emocional y psicológico. La capacidad de compartir experiencias, sentimientos y recursos nos permitió formar vínculos más profundos, basados en la confianza, el amor y la amistad. A medida que las sociedades evolucionaban, la complejidad de estas relaciones también aumentó, llevando a la formación de estructuras sociales más sofisticadas.

El ser humano, al ser un ser social, encuentra su identidad y sentido de pertenencia a través de las interacciones con otros. Desde el momento en que nacemos, dependemos de nuestras familias para nuestro desarrollo. Este vínculo primario sienta las bases para todas las relaciones futuras. A lo largo de nuestra vida, buscamos conexiones con amigos, compañeros de trabajo y comunidades, que influyen en nuestra percepción del mundo y en nuestro lugar en él.

En el mundo contemporáneo, la interconexión entre las personas se ha amplificado gracias a la tecnología y las redes sociales. Estas plataformas han transformado radicalmente la forma en que nos relacionamos, permitiéndonos mantener conexiones con amigos y conocidos a pesar de la distancia física. Sin embargo, también han cambiado la dinámica de nuestras interacciones. La búsqueda de la validación y el reconocimiento social se ha convertido en un aspecto crucial de la experiencia humana moderna. Muchas personas se sienten impulsadas a compartir sus vidas en línea, buscando la aprobación y el apoyo de los demás a través de «me gusta» y comentarios. Esta necesidad de validación puede influir significativamente en nuestra autoestima y bienestar emocional.

Además, las relaciones humanas desempeñan un papel fundamental en nuestra capacidad para enfrentar los desafíos y adversidades de la vida. La conexión con otros nos brinda un sentido de comunidad, un refugio en tiempos difíciles y un lugar donde compartir alegrías y logros. Sin embargo, estas conexiones no siempre son sencillas. A lo largo de nuestras vidas, experimentamos una variedad de relaciones, algunas de las cuales pueden ser enriquecedoras y otras desafiantes.

A medida que navegamos por la complejidad de las relaciones humanas, es esencial reflexionar sobre cómo estas conexiones impactan nuestra vida cotidiana. La naturaleza social de los seres humanos implica que nuestras interacciones no solo afectan nuestra salud emocional y mental, sino que también influyen en nuestras decisiones, comportamiento y bienestar general.

En última instancia, el reconocimiento de nuestra condición como seres sociales nos lleva a comprender que, si bien nuestras relaciones son una fuente de fortaleza y apoyo, también requieren atención, comprensión y empatía para florecer. La habilidad de interactuar con otros de manera efectiva y saludable se convierte en un componente esencial de nuestra experiencia como seres humanos.

Este aspecto es la clave de todas las interacciones humanas; las relaciones, tanto personales como profesionales, moldean nuestras vidas. Melissa, por ejemplo, siempre fue excelente en este campo, pero aun así tuvo que aprender a equilibrar su vida. Chris, aunque rodeado de personas, tuvo que enfrentar su vacío interior. Aprenderemos a valorar las relaciones, a establecer conexiones significativas y a entender cómo nuestras interacciones impactan directamente en nuestra transformación personal.

Conectar no es solo un deseo humano, es una necesidad. Está codificado en nuestro ADN, en nuestros huesos, en la electricidad que recorre nuestras neuronas. Sin conexión, nos marchitamos. Con ella, florecemos.

Pero aquí viene el dilema: no todas las conexiones nos elevan, algunas nos destruyen. Y la mayoría de las personas no sabe distinguirlas hasta que es demasiado tarde.

El juego invisible del poder
en las relaciones

Desde que éramos niños, aprendimos que el amor no siempre es gratis, que a veces hay que merecerlo, que la aceptación de los demás viene con condiciones, que el afecto puede ser un arma de control.

Las relaciones humanas, aunque llenas de amor y ternura, también son un juego de poder. La atracción, la admiración, el respeto, la seducción, la dependencia... Todo se mueve dentro de un juego sutil en el que algunos ganan y otros pierden.

- ¿Por qué algunas personas parecen tener un magnetismo natural y otras luchan por ser notadas?
- ¿Por qué nos obsesionamos con quienes nos ignoran y despreciamos a quienes nos ofrecen su amor incondicional?
- ¿Qué es lo que realmente nos hace irresistibles ante los demás?

Estas preguntas no tienen respuestas simples, pero si las desciframos tendremos en nuestras manos el arte supremo de la conexión humana.

La atracción no es azar, es ciencia

Lo que nos atrae de alguien no es su físico, su dinero ni su estatus. Es una vibración invisible, una combinación de señales que percibimos en fracciones de segundo sin darnos cuenta.

La ciencia ha demostrado que nos sentimos atraídos por:

1. La confianza. No hay nada más magnético que alguien que sabe quién es y lo proyecta sin miedo.
2. La energía emocional. No recordamos lo que alguien dijo, sino cómo nos hizo sentir.
3. El misterio. Lo desconocido despierta una necesidad irresistible de descubrir más.
4. La autenticidad. Nuestro cerebro es experto en detectar la falsedad. La atracción real solo ocurre cuando la esencia es genuina.

Ahora piensa en alguien que no puedes sacar de tu mente. No importa si es por amor, deseo, odio o admiración. Algo en esa persona rompió el equilibrio de tu mundo interior. Eso es lo que exploraremos aquí. No solo cómo conectar con los demás, sino cómo generar relaciones que enciendan emociones intensas, cómo atraer sin rogar, cómo convertirte en alguien inolvidable. Porque el arte de las relaciones no es suerte, es estrategia.

El secreto de las conexiones irresistibles

Piensa en la persona que más ha impactado tu vida. ¿Qué fue lo que la hizo diferente? No era solo su apariencia, ni sus palabras, ni siquiera sus acciones. Era su energía. Las relaciones humanas no son lógicas, son magnéticas. Hay personas que entran en una habitación y, sin decir una sola palabra, capturan todas las miradas. Otras pueden hablar durante horas y seguir siendo completamente invisibles.

La diferencia está en una verdad que pocos comprenden: en las relaciones no se trata de lo que dices o haces, sino de cómo haces sentir a los demás.

Las personas no buscan la belleza perfecta, ni la riqueza, ni el talento. Buscan emociones. Buscan a quien las haga sentir vivas, inspiradas, desafiadas, seducidas.

El código invisible de la atracción

Hay ciertas cualidades que despiertan una atracción inmediata, un deseo inconsciente de estar cerca de alguien. Si dominas estos elementos, tus relaciones cambiarán para siempre. La mente humana está diseñada para obsesionarse con lo incompleto. Lo desconocido nos atrae como un imán. Queremos saber más, descubrir, descifrar el enigma.

Las personas más magnéticas no revelan todo de inmediato. Dan pistas, sugieren, dejan que la imaginación haga su trabajo. Un mensaje a medias, una pausa en la conversación, una mirada sostenida sin explicación... Todo eso genera intriga, y la intriga crea deseo.

Los grandes seductores y líderes han entendido esto desde siempre:

1. El secreto no es impresionar, es hacer que quieran descubrir más de ti.
2. La energía emocional. La gente no recuerda lo que dices, sino cómo la hiciste sentir.

Piensa en alguien que te haya dejado una huella imborrable. No recuerdas exactamente sus palabras, pero recuerdas la emoción que despertó en ti.

Esa es la clave de las relaciones irresistibles: generar una experiencia emocional única en cada interacción.

- El entusiasmo es contagioso. Las personas se sienten atraídas por quienes irradian pasión y energía.
- El tono de voz crea impacto. Una pausa estratégica, un susurro en el momento exacto, una risa inesperada... Todo ello puede transformar una simple conversación en un recuerdo inolvidable.
- El lenguaje corporal lo dice todo. La forma en que miras, cómo te mueves, la manera en que juegas con el contacto visual... Todo transmite más que mil palabras.

Cuando logras que alguien asocie una emoción intensa contigo, te vuelves inolvidable.

La psicología de hacer que alguien se vuelva adicto a ti

Aquí está una verdad incómoda: nos apegamos más a lo que nos cuesta obtener. El cerebro humano valora más aquello en lo que invierte esfuerzo. Por eso, las relaciones en las que alguien tuvo que luchar por nuestra atención o ganarse nuestra confianza suelen ser las más intensas.

- No se trata de jugar con los sentimientos de los demás.
- Se trata de comprender que el deseo nace cuando hay un reto, un camino por recorrer, un espacio que llenar. Si eres demasiado accesible, te vuelves predecible, y lo predecible es aburrido. La clave está en encontrar el equilibrio entre dar y retener, en mostrar interés sin ser obvio, en permitir que el otro invierta en la relación, ya sea con tiempo, atención o esfuerzo.

Cuando alguien siente que está ganando tu atención poco a poco, se involucra más y más. Y en ese momento la conexión se vuelve irrompible.

La magia de las relaciones no es casualidad, es elección

Las conexiones más poderosas no suceden por accidente. Son el resultado de entender las reglas invisibles del deseo, la atracción y la influencia. A partir de ahora, cada interacción será una oportunidad para crear impacto, para volverte inolvidable, para conectar en un nivel que la mayoría jamás comprenderá. El poder de las relaciones está en tus manos.

La seducción y el control emocional

Hay algo que los grandes maestros de las relaciones saben y que la mayoría de las personas ignora: la seducción no es solo sexual, es una herramienta poderosa para atraer y mantener relaciones profundas, duraderas y significativas. La seducción va más allá de lo físico. Es el arte de hacer que alguien se sienta único, especial, como si estuviera en el centro de tu mundo, aunque solo sea por un momento. Y este arte no solo ocurre en el ámbito romántico, sino en todos los aspectos de nuestras interacciones humanas. Lo que muchos no entienden es que para ser un maestro de las relaciones debes ser un maestro del control emocional, no solo tuyo, sino también de los demás. En la seducción no se trata de manipulación, sino de establecer conexión profunda.

La seducción puede tener una mala reputación, pero la verdadera seducción no es manipulación ni juego de poder.

Es la capacidad de hacer que alguien se sienta comprendido, aceptado y, sobre todo, deseado.

El primer paso es aprender a leer las emociones de los demás. ¿Cómo? Observando cuidadosamente, sintiendo lo que no se dice en palabras, escuchando el tono detrás de las frases, percibiendo las sutilezas del lenguaje corporal.

Cuando una persona siente que la entiendes profundamente, se abre a ti. La clave está en saber cuándo y cómo tocar las fibras emocionales correctas.

El toque emocional: la magia de las palabras y los gestos

Los grandes seductores no usan solo palabras bonitas o gestos grandiosos. Utilizan algo mucho más profundo: el toque emocional. Este toque es el que se siente en el corazón, en las entrañas, en el alma. Hay algo que pocas personas saben: las palabras pueden ser la forma más directa de llegar al alma humana. Un simple «te entiendo» puede derretir las barreras de años de dolor, mientras que una palabra equivocada puede destruir años de confianza en segundos.

- El poder de las palabras. Son las que construyen castillos en la mente de los demás o las que destruyen sueños. Las palabras, cuando se usan de forma precisa, pueden hacer que alguien se sienta como la persona más valiosa del planeta.
- El poder de los gestos. Desde un toque en el brazo en el momento exacto hasta una sonrisa que dura

solo una fracción de segundo. Cada pequeño gesto tiene un impacto que puede cambiar el rumbo de una relación.

La magia de las relaciones humanas no está solo en lo que dices, sino en cómo haces sentir a los demás cuando estás cerca.

Ser el ancla en el torbellino

En el caos de la vida, algunas personas se convierten en anclas emocionales para aquellos a su alrededor. No son las que buscan atención constantemente, sino las que brindan estabilidad, seguridad y confianza.

Ser un ancla emocional no significa suprimir tus sentimientos ni renunciar a tu propia autenticidad. Se trata de ser lo suficientemente fuerte como para ser la calma en medio de la tormenta emocional de alguien más.

Algunas personas se sienten atraídas por ti, no porque seas perfecto, sino porque les das la sensación de que están a salvo en tu presencia, como si el mundo exterior no pudiera tocarlas.

Este tipo de poder no es obvio, pero es profundo. Es la habilidad de mantener la serenidad, de estar emocionalmente disponible cuando alguien te necesita, de saber cuándo escuchar y cuándo actuar.

La magnetización a través del desapego

El principio más poderoso de la seducción no es la persecución, sino el desapego. Las personas más deseadas son aquellas que no necesitan la aprobación de los demás para sentirse completas.

El desapego no significa indiferencia. Significa que eres pleno por ti mismo, que tu felicidad y bienestar no dependen de la validación externa. Esta energía es intoxicante para quienes te rodean.

Cuando no estás desesperado por agradar, las personas empiezan a ver algo en ti que les atrae profundamente: un aura de misterio, una chispa de independencia que las hace querer saber más.

Es en ese desapego donde el deseo se genera: el interés de una persona se intensifica cuando siente que su atención no es algo que puedas simplemente darles a todos.

La seducción como estilo de vida

La seducción no es un truco, es un estilo de vida. Un estilo de vida en el que cada interacción es una oportunidad para crear una conexión más profunda, más intensa y más significativa. Dominar la seducción es aprender a leer las emociones humanas, a ser consciente de las fuerzas invisibles que gobiernan cada interacción, a tener el control emocional tanto de uno mismo como de los demás.

Lo que estás aprendiendo aquí no es un juego superficial. Es el arte de influir, de ser verdaderamente atractivo, de establecer relaciones que no solo cambian tu vida, sino también la vida de aquellos que tocas. Recuerda: el poder de las relaciones es una de las fuerzas más poderosas del universo, y tú tienes la llave para desbloquearlo.

Cada vez que entras en una habitación, haces más que simplemente ocupar un espacio físico: dejas una huella emocional. Piensa en ello por un momento. Cada uno de nosotros es como una radio, emitiendo señales que otros pueden percibir. Algunas personas emiten señales que invitan a acercarse; otras, que provocan desconfianza o evasión. Todo esto sucede sin palabras, sin necesidad de emitir ni un solo sonido. Saber cómo enviar las señales correctas, cómo activar el juego emocional que está constantemente en juego, no solo es una cuestión de lo que haces o dices, es la psicología emocional que envuelves en cada interacción.

La conexión inmediata

¿Qué es lo que hace que, de repente, alguien se vuelva irresistible? Es más que la apariencia. Es más que las palabras correctas. Es la energía que esa persona transmite. Las personas con magnetismo psicológico tienen una cualidad común: el dominio de su propio estado emocional. Son como espejos emocionales: tienen la capacidad de reflejar el estado interno de la otra persona de manera que se sienta cómoda, vista y comprendida.

Este tipo de conexión no es superficial. Se siente como si alguien hubiera tocado la fibra más profunda de tu ser. ¿Por qué? Porque saben cómo crear un espacio donde la otra persona se siente validada, escuchada, única. Si quieres ser magnético, debes aprender a escuchar en silencio, a observar sin juicios, a ofrecer una presencia que haga que los demás se sientan seguros para mostrarse tal como son. La magia está en cómo puedes leer a las personas y cómo las haces sentir cuando están contigo.

Mantén el interés vivo

Las expectativas, cuando se gestionan correctamente, son una de las herramientas más poderosas en el juego de la atracción. Imagina que estás jugando un juego de cartas, pero, en lugar de ver todas las cartas de inmediato, te permiten descubrir una carta a la vez. ¿No sería mucho más intrigante? ¿No querrías saber más?

En las relaciones humanas, lo mismo ocurre. Mantener un poco de misterio, no revelar todo de inmediato, es lo que genera esa tensión emocional que hace que las personas deseen más de ti.

Las expectativas crean una sensación de anticipación, y la anticipación es lo que mantiene la conexión viva.

- No seas predecible. Cuanto más predecible eres, menos interesante eres.
- Mantén el equilibrio entre lo que das y lo que retienes. Regala momentos de vulnerabilidad y

cariño, pero no dejes que todo esté sobre la mesa.
— Crea una narrativa. Haz que la relación se sienta como un viaje, que cada paso hacia el siguiente encuentro sea un capítulo más, una historia que debe descubrirse. Este es el juego emocional: crear el deseo sin que la otra persona sienta que lo ha alcanzado por completo. El deseo se mantiene vivo cuando hay espacio para la expectativa.

Deja que los demás vean tu verdadera esencia

Una de las herramientas más poderosas en la seducción emocional es la vulnerabilidad. Esta puede parecer un riesgo, un desafío, y para algunos incluso un punto débil, pero en realidad la vulnerabilidad es la llave para crear una conexión profunda. El error común que cometen muchas personas en las relaciones es intentar proyectar una imagen de perfección. Pero la perfección no es lo que atrae a los demás. Lo que realmente atrae es la autenticidad, la imperfección, la vulnerabilidad humana que todos compartimos.

Cuando alguien te ve ser vulnerable, le permites acceder a un lugar profundo dentro de ti, lo cual lo invita a hacer lo mismo. La vulnerabilidad abre un espacio emocional compartido donde la conexión se vuelve casi mágica.

— Admite tus miedos, tus inseguridades, tus deseos más profundos.

– Permíteles ver lo que te duele, lo que te entusiasma, lo que te hace sentir humano.

Es cuando estás dispuesto a compartir tu esencia más cruda que realmente comienzas a crear una intimidad que no se puede forzar ni fabricar. Esta es la verdadera base de las relaciones humanas profundas: la capacidad de mostrar quién eres sin máscaras ni adornos.

Cómo hacer que las personas quieran decir «sí» a ti

A lo largo de nuestra vida, decir «sí» es una de las decisiones más poderosas que tomamos. Las personas que dominan las relaciones humanas entienden esto perfectamente y saben cómo influir en las decisiones de los demás, de manera sutil y efectiva. Lo que pocos comprenden es que las personas no toman decisiones solo con la mente, sino que las emociones juegan un papel central en todo el proceso de decisión. Las personas se sienten atraídas hacia aquellos que les hacen sentir bien consigo mismos, que les dan una razón para decir «sí» de manera natural.

1. Haz preguntas abiertas. En lugar de imponerte, invita a los demás a compartir.
2. Crea experiencias compartidas. Las emociones compartidas son más poderosas que las palabras.
3. Haz que las personas se sientan especiales. El simple acto de hacer que alguien se sienta único, sin

necesidad de hacer grandes esfuerzos, genera una conexión inquebrantable.
4. Usa la reciprocidad. Cuando das sin esperar nada a cambio, los demás tienden a querer devolver el favor de alguna manera.

Al final, las relaciones humanas son un juego emocional, un juego que se juega con intención, conciencia y misterio. Si entiendes la psicología detrás de la atracción y sabes cómo crear un espacio emocional donde las personas se sientan cómodas, deseadas y comprendidas, tus relaciones se convertirán en una obra maestra.

Cada interacción se convierte en una oportunidad para dejar una huella emocional, para crear una conexión que va más allá de las palabras, que se siente en lo más profundo. Cuando entiendes cómo mover los hilos emocionales de los demás con delicadeza, puedes crear relaciones seductoras, irresistibles y duraderas. Y al final esa es la clave para el éxito en cualquier tipo de relación humana.

Entender y ser entendido

La verdadera magia en una relación humana no es solo la atracción física o el impacto inmediato. Lo que realmente transforma una conexión superficial en algo profundo y significativo es la capacidad de comprender y ser comprendido. Esta conexión emocional, la más poderosa de todas, es lo que separa a las relaciones efímeras de las que perduran. Es el pegamento invisible que mantiene a dos personas unidas en momentos de tormenta y de calma.

Todos creemos que la comunicación es simplemente decir lo que pensamos, pero en realidad la mayoría de nuestra comunicación ocurre en el plano emocional. Las palabras son solo una pequeña fracción de lo que realmente estamos diciendo. El lenguaje corporal, el tono de voz, el ritmo de nuestras respiraciones… Todo esto habla mucho más alto que cualquier palabra.

El secreto del lenguaje corporal

Tu cuerpo no miente. Los gestos, las posturas, los movimientos que haces sin pensarlo, todo eso está revelando algo más profundo sobre ti. Y cuando una persona es capaz de leer estos mensajes que van más allá de las palabras se crea una conexión casi telepática. Se siente como si esa persona te conociera mejor de lo que te conoces a ti mismo.

Aprender a interpretar el lenguaje corporal de los demás y ser consciente de tus propias señales es el primer paso hacia una comunicación emocional genuina. Este tipo de comunicación va más allá de la superficie, tocando los nervios más íntimos y vulnerables de los seres humanos.

— Sutiliza tus movimientos. Una ligera inclinación hacia alguien puede expresar mucho más que mil palabras.

– Lee los gestos inconscientes. Un brazo cruzado puede indicar resistencia, mientras que un leve contacto físico puede abrir puertas emocionales.

– Domina la respiración. Cuando la respiración se sincroniza, se crea una sintonía profunda.

El poder de callar para entender

Muchos piensan que la buena comunicación se basa en hablar bien, en saber qué decir en el momento preciso. Pero la verdadera habilidad en la comunicación emocional es saber escuchar. Escuchar no solo las palabras, sino el subtexto emocional. Escuchar lo que no se dice es lo que te permite entender el dolor no expresado, el amor no confesado, las inseguridades ocultas.

La escucha activa es la capacidad de absorber todo lo que se transmite emocionalmente. Este tipo de escucha crea un espacio seguro, donde la otra persona puede desnudarse emocionalmente sin miedo al juicio. Las personas que escuchan de esta manera tienen una capacidad única para crear conexiones profundas y transformadoras.

Cuando te muestras como realmente eres, sin adornos, sin máscaras, transmites una fuerza invisible que los demás sienten y respetan. Este tipo de poder no está basado en la dominación ni en el control, sino en la aceptación de uno mismo, en el acto de no temer mostrar tus imperfecciones.

La autenticidad es contagiosa. Cuando una persona se siente libre de ser ella misma, inspirará a otros a hacer lo mismo. Esto no solo genera una conexión profunda, sino que también crea una atmósfera de confianza mutua.

Manipulando las emociones sin ser manipulador

La atracción psicológica es mucho más compleja que simplemente llamar la atención. Se trata de crear una conexión emocional en la que la otra persona sienta una atracción irresistible hacia ti. Esto no tiene nada que ver con trucos baratos ni manipulaciones, sino con influenciar el estado emocional del otro de manera positiva y genuina.

La atracción psicológica no es impulsar directamente tus deseos hacia la otra persona, sino crear un entorno emocional que sea atractivo para ellos. La clave está en la sutileza, en ser capaz de mover las emociones de manera imperceptible, haciendo que la otra persona se sienta comprendida, deseada y segura.

Construcción de la confianza

La confianza es la base de cualquier tipo de seducción emocional genuina. Sin confianza, la seducción se convierte en manipulación. Crear confianza es un acto consciente de estar presente, de ser consistente en tus acciones y palabras. Cuando una persona siente que puede confiar en ti, la atracción se convierte en algo mucho más profundo, no es simplemente una cuestión de coincidencias. Es un arte emocional, un arte de construir puentes invisibles que conectan almas. Cuando entendemos y dominamos los principios de la atracción emocional, de la autenticidad, de la vulnerabilidad y de la comunicación profunda, podemos crear relaciones que no solo son apasionantes, sino que trascienden el tiempo y las circunstancias.

Pasos para cultivar
relaciones humanas saludables

Las relaciones humanas son el tejido vital que da forma a nuestras vidas. Desde el momento en que llegamos al mundo, nos encontramos rodeados de personas que impactan nuestra existencia, influyendo en nuestra felicidad, bienestar y desarrollo personal. Sin embargo, construir y mantener relaciones significativas requiere más que solo coincidencias; requiere dedicación, esfuerzo y un deseo genuino de conectar con los demás. A continuación, exploraremos pasos fundamentales que no solo mejorarán nuestras interacciones, sino que también enriquecerán nuestras vidas a un nivel más profundo y transformador.

1. Escucha activa

La escucha activa es un arte en sí mismo, una habilidad que va más allá de simplemente oír palabras. Implica sumergirse completamente en la conversación, dejando de lado todas las distracciones y enfocándose en la persona que habla. Cuando practicas la escucha activa, demuestras un interés genuino en la vida del otro. Este nivel de atención crea un espacio seguro donde las personas se sienten valoradas y comprendidas.

Para cultivar esta habilidad, comienza por mantener el contacto visual y hacer un esfuerzo consciente por estar presente en el momento. Deja que tus pensamientos fluyan sin interrupciones y, cuando sea apropiado, haz preguntas abiertas que inviten a profundizar en la conversación. Cuando los demás sienten que realmente los escuchas, se crea un lazo de confianza y cercanía. Es en este espacio donde las relaciones florecen, donde las personas se sienten libres para compartir sus pensamientos más íntimos, sus sueños y sus temores.

2. Comunicación clara y abierta

La comunicación es el puente que conecta a las personas y ser capaz de expresar tus pensamientos y sentimientos con claridad es fundamental para evitar malentendidos. La autenticidad en la comunicación no solo mejora la relación, sino que también fomenta un entorno donde ambos se sienten cómodos al compartir. Utiliza un lenguaje honesto pero amable, y recuerda que tus palabras tienen poder. La manera en que te expresas puede alentar o desalentar, sanar o herir.

La comunicación clara se basa en el respeto mutuo. Expresa tus ideas y emociones de manera que el otro pueda comprender tu perspectiva. A su vez, no dudes en compartir tus inquietudes o inseguridades. Cuando ambos están dispuestos a comunicarse de forma abierta, establecen un ambiente de confianza y colaboración. Este proceso no solo fortalece los lazos, sino que también permite un crecimiento personal y conjunto.

3. Empatía

La empatía es una de las habilidades más poderosas que puedes cultivar en tus relaciones. No se trata solo de entender las emociones de alguien más, sino de conectarse con sus experiencias en un nivel humano profundo. La empatía crea un lazo emocional que trasciende la superficialidad, permitiendo que las personas se sientan verdaderamente vistas y aceptadas.

Practicar la empatía requiere un esfuerzo consciente. Tómate el tiempo para reflexionar sobre lo que la otra persona está sintiendo y valida sus emociones. A veces, todo lo que alguien necesita es saber que no está solo en su lucha. Ofrece tu apoyo sincero, ya sea con palabras de aliento, una mano en el hombro o, simplemente, estando presente. Al construir esta conexión empática, no solo contribuyes al bienestar del otro, sino que también profundizas tu propia comprensión emocional.

4. Respeto mutuo

Cada ser humano es único, con un conjunto de experiencias, creencias y valores que los definen. Respetar estas diferencias es fundamental para cultivar relaciones saludables. La base del respeto mutuo radica en la aceptación de la diversidad y en reconocer que cada persona aporta algo valioso a la relación.

La práctica del respeto implica reconocer que, aunque las diferencias pueden parecer desafiantes, también son una fuente de enriquecimiento. Cada interacción es una oportunidad para aprender y crecer. Aprecia la individualidad de los demás y fomenta un entorno donde todos se sientan libres para ser ellos mismos. Al demostrar respeto, creas un espacio seguro donde las relaciones pueden prosperar, fomentando un sentido de pertenencia y aceptación.

5. Establecer límites saludables

Aprender a establecer y mantener límites es esencial para el bienestar emocional. Un límite saludable no es una barrera, sino una guía que protege tu espacio personal y el de los demás. Comunicar tus necesidades y expectativas con claridad ayuda a prevenir conflictos y malentendidos.

La importancia de los límites no puede ser subestimada. Al establecer límites claros, demuestras respeto tanto hacia ti mismo como hacia los demás. No se trata de construir muros, sino de definir el espacio en el que ambos pueden coexistir de manera saludable. Aceptar y respetar los límites del otro también es crucial. La comprensión mutua de estos límites fortalece la confianza y permite que las relaciones crezcan en un ambiente de respeto y seguridad.

6. Tiempo de calidad

En un mundo lleno de distracciones, el tiempo es uno de los regalos más valiosos que podemos ofrecer a los demás. Dedicar tiempo de calidad a nuestras relaciones no solo las fortalece, sino que también demuestra que valoramos a la otra persona. Ya sea compartiendo una comida, disfrutando de una actividad conjunta o simplemente conversando sin distracciones, estos momentos crean recuerdos duraderos que se convierten en la base de una relación sólida.

La calidad del tiempo que pasamos juntos refleja el valor que otorgamos a la relación. Haz del tiempo compartido una prioridad. Organiza actividades que ambos disfruten, explora nuevos lugares o simplemente disfruta de una charla tranquila. Cada interacción se convierte en una oportunidad para profundizar los lazos y fomentar la conexión.

7. Mostrar gratitud

La gratitud tiene un poder transformador. Expresar aprecio hacia las personas en nuestras vidas no solo mejora nuestra relación, sino que también cultiva una atmósfera de positividad y aprecio mutuo. Un simple «gracias» o un cumplido sincero puede tener un impacto significativo en cómo se siente la otra persona.

La gratitud no solo se trata de reconocer lo que alguien ha hecho por ti, sino de celebrar su presencia en tu vida. Mantén un enfoque proactivo en la expresión de gratitud, destacando incluso los pequeños gestos. Al reconocer y celebrar los esfuerzos y contribuciones de los demás, fomentas un entorno donde todos se sienten valorados y motivados a seguir construyendo la relación.

8. Resolver conflictos de manera constructiva

Los conflictos son inevitables, pero la forma en que los abordamos puede marcar la diferencia. En lugar de temer a los desacuerdos, acéptalos como oportunidades para crecer y aprender. Abordar los conflictos con una mentalidad abierta y constructiva significa escuchar la perspectiva del otro, buscar soluciones en lugar de culpables y comprometerse a encontrar un terreno común.

Este enfoque no solo resuelve el conflicto, sino que también fortalece la relación. Cuando ambos se sienten escuchados y valorados durante un desacuerdo, crean un lazo más fuerte y estable. Es fundamental abordar los conflictos con empatía y comprensión, buscando el bienestar de ambos. Cada resolución se convierte en un paso hacia una conexión más profunda.

9. Fomentar la confianza

La confianza es el pilar de cualquier relación significativa. Se construye a lo largo del tiempo, a través de acciones consistentes y honestas. Ser confiable significa cumplir con nuestras promesas y ser sinceros en nuestras interacciones. La vulnerabilidad también juega un papel importante en la construcción de la confianza; al abrirse y compartir tus propios desafíos, permites que el otro se sienta seguro para hacer lo mismo.

Este proceso no es instantáneo, pero cada pequeño gesto cuenta. La confianza se cultiva a través de la transparencia y el apoyo mutuo. Al ser un recurso confiable en la vida de alguien, no solo solidificas la relación, sino que también creas un ambiente donde ambos pueden sentirse seguros para explorar, crecer y apoyarse mutuamente.

10. Estar abierto a la evolución

Las relaciones son dinámicas y evolucionan con el tiempo. Es fundamental estar dispuesto a adaptarse a los cambios que surgen en la vida y en las personas que nos rodean. La disposición a crecer junto con la otra persona es esencial para mantener una conexión duradera.

La vida está llena de altibajos y cada uno de nosotros atraviesa diferentes etapas y experiencias. Reconocer que cada uno tiene su propio camino y ritmo de crecimiento es clave. Aceptar la evolución de la relación no solo fomenta el crecimiento individual, sino que también permite que ambos florezcan juntos. Este enfoque crea un espacio de apoyo donde cada persona puede ser auténtica y auténticamente apoyada.

Cultivar relaciones humanas significativas no es solo un arte; es una práctica enriquecedora que requiere dedicación y compromiso. Cada paso que damos hacia la mejora de nuestras interacciones puede llevarnos a un lugar más profundo de conexión y satisfacción personal. Las relaciones son una fuente inagotable de aprendizaje, amor y crecimiento, y vale la pena invertir tiempo y esfuerzo en ellas. Al hacerlo, no solo transformamos nuestras vidas, sino que también impactamos positivamente a quienes nos rodean, creando un legado de amor y conexión que perdurará en el tiempo.

El poder de las relaciones humanas es transformador. En cada conversación, en cada gesto de apoyo, en cada risa compartida, encontramos la esencia de lo que significa ser humano. La calidad de nuestras relaciones define la calidad de nuestras vidas. A medida que te embarcas en este viaje de cultivarlas, recuerda que cada pequeño paso cuenta. Es un proceso de transformación, tanto para ti como para aquellos que elijas incluir en tu viaje.

La espiritualidad

Finalmente, llegamos al pilar más profundo: la espiritualidad. Este aspecto no tiene que ver con religión, sino con la conexión interna que cada uno tiene consigo mismo y con el mundo que lo rodea. Chris, por ejemplo, descubrió que su vacío no podía llenarse con logros externos, sino con una conexión más profunda con su propósito y su esencia. Veremos cómo cada uno de ellos encontró su paz interior y cómo tú también puedes acceder a esta dimensión espiritual que te permitirá avanzar en tu camino de transformación.

La espiritualidad es un componente esencial de la experiencia humana, un viaje interno que cada individuo emprende en busca de significado, propósito y conexión en un mundo a menudo agitado y desconectado. Desde tiempos inmemoriales, la humanidad ha sentido la necesidad de explorar no solo lo material, sino también lo trascendental. Esta búsqueda ha dado lugar a una diversidad de creencias, prácticas y caminos espirituales que se adaptan a las necesidades y realidades únicas de cada persona.

A medida que la sociedad avanza y se vuelve más compleja, muchas personas encuentran en la espiritualidad un refugio donde pueden reflexionar sobre sus vidas, sus valores y su lugar en el universo. No se trata solo de la práctica de una religión específica; la espiritualidad abarca un espectro amplio de experiencias que pueden incluir la meditación, la contemplación, la conexión con la naturaleza, el arte y la música, así como momentos de introspección profunda. Esta flexibilidad permite que cada persona defina su propia espiritualidad, haciéndola profundamente personal y única.

La espiritualidad también ofrece la oportunidad de enfrentarse a las grandes preguntas de la existencia: ¿Quién soy? ¿Cuál es el propósito de mi vida? ¿Qué hay más allá de esta vida? A través de esta indagación, los individuos pueden encontrar respuestas que resuenen con su ser interno, lo que les permite vivir de manera más auténtica y alineada con sus valores más profundos.

Además, en un mundo marcado por la inmediatez y la superficialidad, la espiritualidad fomenta una conexión más profunda con uno mismo y con los demás. Al explorar nuestras propias creencias y experiencias espirituales, también aprendemos a ser más comprensivos y empáticos hacia los demás. Esta conexión puede manifestarse en el sentido de comunidad que se crea cuando las personas comparten sus historias, luchas y triunfos, trascendiendo las diferencias que a menudo dividen a la humanidad.

La práctica espiritual puede tener un impacto positivo en el bienestar emocional y mental. Proporciona consuelo en tiempos de dificultad, fomenta la resiliencia y nutre una sensación de paz interior. Al integrar la espiritualidad en nuestra vida cotidiana, podemos cultivar una mayor conciencia de nosotros mismos y del mundo que nos rodea, llevando a una existencia más plena y significativa.

En este contexto, es crucial entender qué es la espiritualidad y cómo puede influir en nuestras vidas. Al profundizar en este concepto, no solo expandimos nuestra comprensión del ser humano, sino también abrimos la puerta a un viaje transformador que puede enriquecer nuestra experiencia de vida, aportando un sentido de paz, propósito y plenitud en nuestro día a día.

¿Qué es la espiritualidad?

La espiritualidad es un concepto multifacético que abarca una amplia gama de experiencias, creencias y prácticas, a menudo, en relación con la búsqueda de significado, propósito y conexión en la vida. A diferencia de la religión, que se basa en estructuras organizadas y doctrinas específicas, la espiritualidad es un viaje personal y subjetivo que se puede manifestar de diversas maneras, dependiendo de la cultura, las experiencias individuales y las necesidades emocionales.

La espiritualidad también implica un sentido de trascendencia, que es la capacidad de ir más allá de uno mismo. Esto puede incluir momentos de profunda reflexión, meditación o prácticas contemplativas que permiten a las personas experimentar una sensación de paz interior, claridad mental y conexión con algo más grande que ellos mismos. Estas experiencias pueden variar desde la meditación en silencio, la oración, el arte, la música, hasta actividades en la naturaleza, todas ellas que pueden conducir a un estado de conciencia más elevado.

Una característica esencial de la espiritualidad es su capacidad para fomentar el crecimiento personal y la autocomprensión. A través de la reflexión espiritual, los individuos pueden confrontar sus miedos, deseos y creencias limitantes, lo que les permite transformarse y evolucionar. Este proceso de autoexploración y autoconocimiento es fundamental para desarrollar una vida más auténtica y plena.

La espiritualidad también puede ser un camino hacia la sanación emocional y mental. Al abordar el sufrimiento, la ansiedad y el estrés de manera holística, muchas personas encuentran consuelo y fuerza en prácticas espirituales. Estas pueden incluir la meditación, la visualización, la gratitud y la compasión, que ayudan a las personas a encontrar paz en medio del caos y a cultivar una mentalidad positiva y resiliente.

Asimismo, la espiritualidad está intrínsecamente relacionada con la ética y los valores personales. Las creencias espirituales a menudo influyen en cómo una persona percibe el mundo, cómo se relaciona con los demás y cómo toma decisiones. Por ejemplo, muchas tradiciones espirituales promueven principios como la compasión, el respeto y la bondad, que pueden guiar a los individuos en sus interacciones con los demás y en la búsqueda de una vida también fomenta un sentido de comunidad y conexión con otros. Muchas personas encuentran apoyo y comprensión en grupos espirituales o comunitarios, donde pueden compartir sus experiencias, aprendizajes y luchas. Esta interrelación no solo enriquece la vida de los individuos, sino que también promueve un sentido de pertenencia y unidad en la diversidad. La espiritualidad es un viaje personal hacia la comprensión y conexión más profunda con uno mismo, los demás y el universo. Es un proceso continuo de exploración, crecimiento y transformación que puede enriquecer la vida de manera significativa, proporcionando un sentido de propósito, paz y comunidad en un mundo a menudo caótico.

De la espiritualidad general a Dios: el origen de todo

Desde tiempos inmemoriales, el ser humano ha sentido dentro de sí una inquietud profunda, una necesidad de trascender lo meramente físico y encontrar un propósito más allá de la existencia cotidiana. Esta búsqueda ha dado lugar a múltiples caminos espirituales, cada uno intentando responder a la misma pregunta esencial: ¿cuál es el origen de todo? La espiritualidad, en su esencia más pura, no es solo un conjunto de prácticas o creencias, sino un anhelo innato de conexión con algo superior, con una verdad absoluta que trasciende el tiempo y el espacio.

Y en el centro de esa búsqueda, en la raíz de toda existencia, encontramos a Dios. No como una abstracción lejana ni como un concepto limitado a la mente humana, sino como la fuente suprema de todo lo que es y será. Dios es el principio del que emana la vida, la inteligencia que da orden al universo, la fuerza que equilibra lo visible y lo invisible. Entender la espiritualidad es, en última instancia, acercarse a Dios, reconocerlo no como una idea impuesta, sino como la esencia misma de nuestra existencia.

La espiritualidad y la centralidad de Dios en la creación

Desde el inicio de los tiempos, las culturas humanas han buscado comprender el origen del universo, el propósito de la vida y el destino final del ser humano. En este capítulo, nos adentramos en el misterio divino, viendo a Dios no solo como el creador distante, sino como la fuerza viviente y presente que impregna cada rincón del cosmos, cada respiro de vida y cada pensamiento humano. Es un concepto que no solo debe entenderse con la mente, sino con el corazón, ya que Dios es la esencia misma de la creación.

Dios como el principio de todo: la existencia como manifestación de la divinidad

La creación, tal como la conocemos, no es simplemente un accidente cósmico. Dios no solo creó el universo, sino que también es el hilo que mantiene todo unido. La idea de un principio central es fundamental para entender el propósito de la vida. En las filosofías y religiones más profundas, se describe a Dios como el principio inmutable, eterno y omnipresente desde el que todo surge. Él es la causa primera, el origen de todas las formas, pensamientos y energías que se despliegan en la realidad.

Dios no es simplemente un observador o creador distante; está involucrado de forma activa en cada momento de la creación, desde las partículas más pequeñas hasta las estrellas más distantes. En términos espirituales, se dice que todo lo que existe es una manifestación de su ser. Desde los árboles hasta las montañas, desde las ideas más abstractas hasta las emociones más profundas, todo lo que percibimos está impregnado por su esencia.

Dios que habita dentro de nosotros

En muchas tradiciones espirituales se plantea que Dios está no solo fuera, sino también dentro de cada ser humano. Esta es la base de la espiritualidad interna, de esa búsqueda que todos sentimos de encontrar algo más allá de nuestro cuerpo físico y nuestra mente racional. La chispa divina reside en nuestro interior, y esta conexión con lo divino es la que nos permite trascender las limitaciones de la materia y alcanzar el entendimiento de que somos una extensión de esa divinidad.

Cada ser humano, en su interior, tiene una conexión directa con el Creador. No importa el trasfondo cultural o religioso; el sentimiento de lo divino se experimenta universalmente como una búsqueda de unidad y paz interna, como una fuerza trascendental que guía cada paso. Dios no solo está más allá del universo, sino también dentro de cada corazón humano, esperando ser reconocido.

La espiritualidad como camino de descubrimiento personal

La espiritualidad no es simplemente una creencia religiosa o un ritual tradicional, es un camino de autoconocimiento que busca la reconciliación entre nuestra parte material y nuestra parte divina. Es el viaje que cada ser humano emprende al darse cuenta de que su existencia tiene un propósito mayor, y ese propósito está conectado con lo divino.

Este proceso de descubrimiento puede tomar muchas formas: meditación, oración, reflexión, estudio de textos sagrados, conexión con la naturaleza o incluso el simple acto de ser consciente del momento presente. Todo este viaje es una forma de acercarse a Dios, de buscar el sentido profundo que da significado a nuestra existencia.

Dios es como guía y maestría

La espiritualidad nos muestra que el conocimiento de Dios no es solo un ejercicio intelectual, sino una experiencia vivencial. Dios es la guía interna que, cuando se busca de manera sincera, se revela en formas cada vez más claras. A través de momentos de quietud, de reflexión profunda o de experiencias trascendentales, la presencia divina se convierte en algo palpable, cercano y real.

Lo que los humanos a menudo buscan fuera de sí ya existe dentro de ellos mismos, esperando a ser descubierto. Este descubrimiento, lejos de ser un acto aislado o personal, es un proceso colectivo en el que cada individuo comparte una parte del gran todo divino. Así, las experiencias espirituales personales se conectan con las experiencias de los demás, creando un manto universal de entendimiento y conexión divina.

El amor como la fuerza fundamental del universo

En todas las grandes religiones y filosofías espirituales, uno de los principios más universales es que Dios es amor. Este amor es la fuerza que mueve el universo, que crea y destruye, que genera vida y la transforma. El amor divino no es un amor en el sentido humano, limitado y a menudo condicionado, sino un amor incondicional, eterno e ilimitado.

El amor de Dios no es solo una emoción abstracta, es una fuerza tangible que fluye a través de cada ser vivo. En las relaciones humanas, experimentamos ecos de este amor a través de la empatía, la compasión y el deseo de ayudar y sanar a los demás. Sin embargo, el verdadero amor de Dios trasciende todas nuestras ideas y emociones. Es el amor que sostiene el equilibrio de todo lo que existe.

La interconexión de todos los seres

Una de las revelaciones más poderosas es comprender que todo en el universo está interconectado a través de ese amor divino. Nada ni nadie está aislado; cada pensamiento, cada acción, cada ser vivo está conectado en un tejido espiritual universal que está siendo tejido por la presencia de Dios.

El amor divino no es un concepto limitado a la relación de un individuo con Dios, sino que se extiende a toda la creación. Esta es la razón por la cual las relaciones humanas, cuando se viven con amor genuino, son una manifestación de la unidad espiritual que existe entre todas las formas de vida y conecta hacia el camino hacia la unificación con lo divino.

El viaje espiritual, entonces, no es un fin en sí mismo, sino un proceso continuo de unificación. En cada paso hacia la comprensión de lo divino se van disolviendo el ego, las barreras internas y la separación. Al final de este camino no encontramos la separación entre nosotros y Dios, sino una unidad absoluta y eterna.

La transformación a través de la fe y la experiencia

A medida que avanzamos en nuestro viaje espiritual, las experiencias divinas se vuelven cada vez más tangibles. Las sincronicidades, las señales del universo, los momentos de inspiración y los momentos de profunda paz interior nos recuerdan que estamos siempre conectados con lo divino. Esta conexión es el verdadero sentido de la vida, y su búsqueda nos lleva hacia una transformación personal y colectiva y al encuentro de una cercanía con Dios, la creación y la vida humana.

Dios, el principio central de toda la creación, es tanto el origen como el destino final de nuestra existencia. A través de él encontramos propósito, sentido y una conexión trascendental con todos los seres vivos. En cada paso de nuestro viaje espiritual descubrimos que somos parte de una red cósmica interconectada por el amor divino y, al reconocer esta verdad, nos alineamos con el flujo eterno de la vida.

El ser humano: el balance perfecto de la creación

El ser humano, en su complejidad única, es la fusión perfecta entre lo físico y lo espiritual. Este equilibrio es lo que nos permite existir en el mundo material, pero al mismo tiempo conectarnos con lo divino. Somos, en esencia, una manifestación de lo más alto de la creación, un punto de convergencia entre lo finito y lo infinito, entre lo terrenal y lo celestial, y a su vez con el cuerpo espiritual y el cuerpo físico: una dualidad armoniosa.

La estructura del ser humano: cuerpo, mente y espíritu

Para comprender el equilibrio perfecto que representa el ser humano, debemos mirar más allá del cuerpo físico y entender la dimensión espiritual que habita en cada uno de nosotros. El cuerpo físico es la vivienda temporal del alma, un vehículo que nos permite interactuar con el mundo material, experimentar nuestras emociones y manifestar nuestra voluntad. Sin embargo, el cuerpo espiritual es la parte que nos conecta con lo divino, que nos eleva más allá de la percepción sensorial y nos da la capacidad de entender la existencia en su totalidad.

Cuando hablamos de balance, no estamos sugiriendo que una parte sea más importante que la otra. De hecho, la clave está en la interacción armónica entre ambas dimensiones: la física y la espiritual. El cuerpo físico es el medio que nos permite experimentar la vida en la Tierra, mientras que el cuerpo espiritual es el que nos conecta con el Creador, el universo y el propósito superior. Ambos cuerpos existen simultáneamente, y juntos forman el ser humano en su totalidad. El equilibrio entre ambos es lo que nos da la capacidad de experimentar nuestra vida de manera plena y trascendental, y siempre sentimos el llamado a la espiritualidad y a un camino hacia la unidad con el ser divino.

El cuerpo espiritual como guía

El cuerpo espiritual es el vehículo que nos invita a transcender lo físico, a elevarnos hacia una comprensión más profunda del sentido de la vida y la conexión con lo divino. Desde la antigüedad, muchas culturas han entendido al ser humano como un puente entre dos mundos: el material, que se basa en las leyes de la física, y el espiritual, que se rige por principios más elevados de amor, sabiduría y compasión.

El cuerpo espiritual no es un concepto abstracto, es la chispa divina que reside dentro de cada ser humano. Esta chispa, a menudo llamada alma, es nuestra conexión directa con el Creador. En momentos de introspección profunda, de meditación, de oración o de conexión genuina con otros seres humanos, nuestra espiritualidad se activa, permitiéndonos ver más allá de lo físico y entender la verdadera esencia de nuestra existencia.

Desde el mismo momento en que nacemos, estamos siendo llamados hacia un camino espiritual. Este llamado no es algo que se impone desde fuera, sino que surge desde el fondo de nuestro ser. El cuerpo espiritual, al estar conectado con el Creador, siempre busca una reconexión con lo divino, una búsqueda que nos lleva a cuestionarnos sobre el propósito de nuestra vida, a buscar la verdad y a tratar de entender nuestra relación con el universo.

Este proceso espiritual no es algo que solo unos pocos eligen seguir, es un llamado universal que todos, en algún momento de nuestras vidas, sentimos. La espiritualidad no es una práctica aislada de unos pocos, sino una dimensión universal que todos los seres humanos comparten, aunque en distintos niveles de conciencia y entendimiento. Es el impulso de conectar con algo más grande que nosotros mismos.

El ser humano como microcosmos del universo

El ser humano no es solo un individuo aislado, sino que es un microcosmos que refleja a escala pequeña el orden y el equilibrio del gran universo. Así como el universo tiene sus leyes físicas y espirituales que lo rigen, también el ser humano, con su cuerpo físico y espiritual, refleja ese mismo equilibrio. Somos el reflejo perfecto de la creación misma, en la que el cuerpo material y el cuerpo espiritual se encuentran en una danza constante que se retroalimenta.

Cuando miramos al ser humano como el balance perfecto de la creación, entendemos que la divinidad no está fuera, sino dentro de nosotros mismos. En cada célula de nuestro cuerpo físico hay un reflejo de lo divino. Nuestro cuerpo es el templo de nuestra alma, y cada uno de nosotros es una manifestación única de la creación. De esta manera, cuando honramos nuestro cuerpo estamos honrando a Dios, y cuando buscamos la verdad en nuestra alma nos estamos acercando al propósito superior de nuestra existencia.

El equilibrio perfecto del ser humano se encuentra cuando reconocemos nuestra naturaleza tanto material como espiritual y entendemos que ambas dimensiones son necesarias para vivir de manera completa. No hay una parte que esté por encima de la otra, son complementarias, y es en su armonía donde encontramos nuestra verdadera esencia.

El despertar espiritual

El llamado a la espiritualidad es un despertar que nos invita a liberarnos de las limitaciones del ego y a reconocer nuestra unidad con el universo y con lo divino. A medida que caminamos por la vida, vamos desarrollando una mayor conciencia de nuestra conexión con Dios y con la creación. Este despertar nos permite ver la vida con una nueva perspectiva, donde lo físico y lo espiritual ya no están en conflicto, sino que se complementan. El proceso espiritual es transformador, ya que nos guía hacia una evolución interna, permitiéndonos alcanzar un nivel más alto de conciencia y de amor. A través de la práctica espiritual, nos damos cuenta de que no solo somos seres humanos limitados por un cuerpo físico, sino que somos seres espirituales viviendo una experiencia material.

Este despertar culmina en la unificación completa de cuerpo y espíritu, donde logramos vivir en paz con nosotros mismos y con el mundo. Al encontrar este equilibrio no solo lanzamos un estado de bienestar espiritual, sino que trascendemos las limitaciones físicas y emocionales que nos aquejan. El cuerpo físico se convierte en un canal de expresión para lo espiritual, y la espiritualidad se convierte en la fuente de energía que alimenta nuestra vida cotidiana.

El ser humano, como el balance perfecto de la creación, está llamado a reconocer y honrar tanto su cuerpo físico como su cuerpo espiritual. Ambos son esenciales para vivir una vida plena, y su armonización es el camino hacia la comprensión de nuestra verdadera esencia y nuestro propósito divino. Como seres espirituales viviendo en un mundo material, somos la manifestación de la perfección y el equilibrio que Dios ha creado, y a través de la espiritualidad podemos alcanzar una unidad trascendental que nos conecta con lo divino y con el universo.

Pasos para cultivar una conexión espiritual profunda

Ahora que hemos explorado la esencia de la espiritualidad y su importancia en nuestras vidas, es el momento de embarcarte en un viaje transformador hacia la conexión espiritual que tanto anhelas. Te invitamos a que tomes el control de tu vida, a que te sumerjas en el océano de posibilidades que la espiritualidad ofrece y a que descubras un nuevo nivel de paz, propósito y plenitud. Aquí te presentamos una serie de pasos seductores y motivadores que te ayudarán a cultivar tu conexión espiritual:

1. Dedica tiempo a la reflexión personal

Reserva momentos en tu vida para la autorreflexión. Encuentra un lugar tranquilo donde puedas desconectarte del ruido del mundo y conectar contigo mismo. Pregúntate: «¿Qué es lo que realmente quiero en la vida? ¿Cuáles son mis valores más profundos?». Este espacio de reflexión es esencial para entender tus deseos y aspiraciones espirituales.

2. Practica la meditación y la atención plena

La meditación es una puerta hacia la conexión espiritual. Dedica unos minutos al día a sentarte en silencio, cerrando los ojos y enfocando tu atención en tu respiración. Permítete sentir cada inhalación y exhalación. A medida que te sumerjas en este estado de calma, descubrirás un espacio interno donde reside la paz y la claridad. La atención plena, o *mindfulness,* te permite estar presente en el momento, apreciando la belleza de cada experiencia.

3. Explora la naturaleza

La naturaleza es una manifestación poderosa de lo sagrado. Sal a caminar por un parque, un bosque o cerca del mar. Permite que la belleza de la tierra, el aire y el agua te envuelva. Conéctate con los ciclos de la vida que te rodean; observa el crecimiento de las plantas, el vuelo de las aves y la majestuosidad del cielo. Esta conexión con la naturaleza puede abrirte a nuevas percepciones de tu lugar en el universo.

4. Crea un ritual personal

Meditar, escribir en un diario de gratitud o realizar una caminata consciente. Estos rituales te ayudarán a sintonizarte con tu ser interior y a recordar tu conexión con lo divino.

5. Sumérgete en la lectura espiritual

Lee libros que inspiren tu viaje espiritual, cualquiera que sea de tu preferencia y acorde con tus creencias y que ofrezcan profundas enseñanzas sobre la espiritualidad y el crecimiento personal. Permite que sus palabras penetren en tu mente y corazón, abriendo nuevas vías de entendimiento y percepción.

6. Cultiva relaciones espirituales

Rodéate de personas que compartan tus intereses espirituales. Busca grupos de meditación, clases de yoga o comunidades de discusión espiritual. Estas interacciones no solo enriquecerán tu vida, sino que también te proporcionarán un sentido de comunidad y apoyo en tu viaje.

7. Practica la gratitud

La gratitud es una herramienta transformadora en el camino espiritual. Cada día, toma un momento para reflexionar sobre lo que agradeces en tu vida. Este acto simple, pero poderoso, te ayudará a enfocarte en lo positivo, creando un espacio para la abundancia y la alegría en tu vida.

8. Escucha tu intuición

La intuición es una voz interna que te guía hacia la verdad y la autenticidad. Aprende a confiar en tus instintos y a escuchar lo que tu corazón te dice. A menudo, la sabiduría espiritual se encuentra en la quietud de la mente y en la conexión con tu ser interior.

9. Sé amable y compasivo

La espiritualidad también se manifiesta en cómo tratamos a los demás. Cultiva la bondad y la compasión en tus interacciones diarias. La forma en que te relacionas con el mundo refleja tu conexión espiritual, así que busca oportunidades para servir, ayudar y mostrar amor a quienes te rodean.

10. Permítete ser vulnerable

La vulnerabilidad es un signo de fortaleza. Permítete sentir y expresar tus emociones, y no temas mostrar tu verdadero yo. Esta autenticidad no solo te acercará a tu ser interior, sino que también te abrirá a conexiones más profundas con los demás.

Este viaje hacia una conexión espiritual más profunda es único para cada individuo. No hay una única forma de avanzar y lo más importante es que te permitas explorar y descubrir lo que resuena contigo. Cada pequeño paso que tomes hacia esta conexión te llevará a un mayor entendimiento de ti mismo y del universo. Así que da ese paso hoy. Abre tu corazón y tu mente a la espiritualidad, y experimenta el cambio transformador que te espera.

La conexión espiritual: un viaje personal y universal

En nuestra travesía por la vida, todos buscamos un sentido, una razón de ser que nos conecte con algo más grande que nosotros mismos. La espiritualidad es ese anhelo innato, una búsqueda que nos lleva a explorar las profundidades de nuestra existencia y a conectar con el universo de maneras que, a menudo, trascienden lo tangible. Es fundamental entender que esta conexión no está reservada para unos pocos elegidos; cada uno de nosotros tiene el derecho y la capacidad de experimentar una relación espiritual significativa, sin importar nuestras creencias, religión o prácticas culturales.

Desde el principio, en todas las culturas, las personas como filósofos, científicos y buscadores espirituales han explorado la esencia de lo divino. En cada rincón del planeta encontramos una diversidad de creencias y prácticas que reflejan la experiencia humana a nivel espiritual y en el centro de todas estas tradiciones yace un deseo común: conectar con lo sagrado, comprender nuestro lugar en el cosmos y experimentar la maravilla de nuestra existencia.

En este mundo moderno es fácil perderse en la rutina y el ruido de la vida diaria. Sin embargo, al tomarte un momento para pausar, reflexionar y conectar contigo mismo, puedes abrir las puertas a una experiencia espiritual rica y transformadora. La espiritualidad no es un lujo, es una necesidad. Nos proporciona un sentido de pertenencia, una guía en momentos de incertidumbre y una fuente de fortaleza en tiempos de dificultad.

La ciencia, en su búsqueda por entender la realidad, ha comenzado a converger con lo que muchas tradiciones espirituales han enseñado durante siglos. Cada vez más, los científicos reconocen que existe un vasto universo de posibilidades más allá de lo que podemos ver y medir. Este reconocimiento nos invita a abrir nuestros corazones y mentes a lo desconocido, a lo que trasciende nuestra comprensión ordinaria. Muchos llegan a la conclusión de que hay algo más allá de la materia, algo que conecta a todos los seres vivos y que nos invita a explorar nuestra propia espiritualidad.

Así que, independientemente de la religión que sigas o de las prácticas que elijas, recuerda que la conexión espiritual es accesible para ti. No hay un camino correcto o incorrecto; lo que importa es lo que resuena contigo en tu corazón. Si sientes que estás creando esa conexión, incluso si no se ajusta a las normas de una tradición específica, eso es suficiente. Es tu experiencia, tu verdad.

Para profundizar en tu conexión espiritual, te invito a que te permitas explorar y experimentar sin miedo. Pregúntate qué te mueve, qué te hace sentir vivo. ¿Es la música que te transporta a otro lugar? ¿Es la naturaleza que te inspira y te llena de asombro? ¿Es la conexión con otros seres humanos a través del amor y la compasión? Permítete sentir y explorar esos momentos de conexión, porque son ellos los que nutren tu espíritu y te acercan a lo divino.

Recuerda que este viaje puede ser un viaje compartido. La espiritualidad tiene el poder de unir a las personas, de derribar muros y de crear puentes entre corazones. En cada rincón del mundo hay alguien que también busca respuestas, alguien que comparte tus anhelos y deseos de conexión. Al abrirte a tu espiritualidad, también te abres a la posibilidad de crear lazos con otros, de compartir tu luz y, a su vez, recibirla.

Así que celebra tu viaje espiritual. Permítete explorar las infinitas posibilidades que ofrece. La conexión con lo divino es una parte integral de la experiencia humana y está esperando ser descubierta en tu vida. No importa cómo lo hagas, lo importante es que te atrevas a dar el primer paso. Tu búsqueda es única y tu conexión espiritual es un tesoro que enriquecerá tu vida y la de quienes te rodean. ¡Deja que esa chispa brille y guíe tu camino hacia un sentido más profundo de propósito y conexión en este vasto universo!

Despierta a la vida plena que mereces

Imagina despertar cada mañana sintiendo una energía vibrante que recorre tu ser. Tu cuerpo está fuerte, tu mente clara y enfocada, y tus relaciones están llenas de amor y apoyo. No es solo un sueño; es una realidad que está esperando ser vivida. Estás a un paso de experimentar la vida en su máxima expresión, una existencia plena y significativa que te llena de alegría y propósito.

Tu viaje hacia la grandeza comienza aquí

Cada uno de nosotros tiene un potencial ilimitado, pero muchas veces nos encontramos atrapados en la rutina diaria, ignorando la magia que está a nuestro alrededor. Te invito a embarcarte en un viaje de transformación, donde cada aspecto de tu vida puede florecer. La salud física no es solo la ausencia de enfermedad; es la vitalidad que te permite bailar con la vida, correr hacia tus sueños y abrazar cada momento con entusiasmo. Cuando cuidas tu cuerpo, te conviertes en un imán de energía y posibilidades. Tu mente es tu aliada más poderosa. Cuando nutres tu salud mental, te empoderas para enfrentar cualquier desafío con una actitud positiva. Imagina la libertad que sentirás al liberarte de las creencias limitantes que te han frenado. Cada pensamiento que elijas es una semilla que plantarás en el jardín de tu vida. Cultívalas con amor y verás florecer una realidad donde las oportunidades abundan y el éxito es inevitable.

Relaciones que transforman tu vida

Considera el poder de las relaciones humanas. Imagina rodearte de personas que elevan tu espíritu, que creen en ti y que celebran cada pequeño logro contigo. Estas conexiones son la magia que transforma lo ordinario en extraordinario. Cuando te rodeas de quienes te inspiran, cada día se convierte en una aventura compartida. Las relaciones auténticas son un reflejo de tu propio crecimiento, son el eco de tus aspiraciones y el abrazo cálido en momentos de duda.

Cada conversación, cada sonrisa y cada apoyo sincero son los ladrillos que construyen un camino hacia tu felicidad. ¿No sería maravilloso vivir en un mundo donde cada interacción sea un recordatorio de tu grandeza? Las relaciones positivas son el combustible que enciende tu pasión y te motiva a seguir avanzando, incluso en los días más difíciles, luego está la espiritualidad, el núcleo de esta danza hermosa que llamamos «vida». No importa la religión que practiques o las creencias que abraces; la espiritualidad es una conexión con algo mucho más grande que tú. Es el hilo dorado que te une al universo y a todos los seres humanos. Cuando te permites explorar esta conexión, descubres un mundo de paz y amor incondicional.

La espiritualidad te invita a mirar hacia adentro y descubrir la esencia de tu ser. Te ofrece la oportunidad de encontrar respuestas en el silencio, de comprender que, a pesar de los desafíos, hay una luz que siempre brilla en tu interior. Cada momento de reflexión es un paso hacia la revelación de tu verdadero propósito, un recordatorio de que no estás solo en este viaje.

El momento de la acción es ahora

Ahora, imagina cómo sería tu vida si comenzaras a actuar en cada una de estas áreas. Piensa en cada pilar como una base que sostiene tu existencia. La salud física y mental, el manejo inteligente de tus finanzas, el cultivo de relaciones significativas y la conexión espiritual son los cuatro pilares que te llevarán a la vida que deseas.

Hoy es el día perfecto para comenzar. ¿Qué pequeño paso puedes dar? Tal vez, una caminata revitalizante, una sesión de meditación que te conecte con tu esencia o una conversación sincera con alguien que te inspire. Cada acción cuenta y cada pequeño paso te acercará más a tu visión de una vida plena.

La gran aventura te espera

Este es tu llamado a la aventura. La vida plena que sueñas no es un destino distante, sino un viaje que comienza en este mismo instante. Cada decisión que tomes tiene el poder de transformar tu vida. Al abrazar y cultivar estos cuatro pilares, te conviertes en el arquitecto de tu propia felicidad.

Visualiza el futuro que deseas y cree en tu capacidad para lograrlo. La transformación comienza hoy. No dejes que el miedo o la duda te detengan. La grandeza que reside en ti está lista para emerger. Es el momento de dejar atrás lo que te limita y abrazar la vida que mereces.

Tu viaje hacia una existencia vibrante y significativa comienza ahora.

¡Actúa, sueña y vive con pasión! ¡El mundo está esperando por ti!

Agradecimiento del autor

Quiero expresar mi más profundo agradecimiento a todas las personas que han sido parte de este viaje de transformación y descubrimiento.

A mi familia, por su amor incondicional y apoyo constante, que me han inspirado a seguir adelante en los momentos más desafiantes.

A mis amigos, que me han acompañado y motivado a lo largo del camino, recordándome la importancia de rodearse de personas que fomentan el crecimiento.

Agradezco también a todos aquellos que han compartido sus historias y experiencias, permitiéndome aprender de sus vidas y enriquecer este libro con su sabiduría. Cada encuentro y cada conversación ha dejado una huella en mi corazón y han contribuido a la esencia de *Morphosis*.

A mis mentores y figuras inspiradoras, que me han guiado con sus enseñanzas y su ejemplo, les debo una gran parte de este trabajo. Su dedicación a la transformación personal y al desarrollo humano me ha motivado a compartir estas ideas.

A mi querido lector:

Has llegado al final de *Morphosis* y, antes de cualquier otra cosa, quiero agradecerte profundamente por haberme acompañado en este viaje transformador. No es una coincidencia que estés aquí, porque solo aquellos que están verdaderamente comprometidos con su crecimiento personal se embarcan en esta travesía y, aún más importante, llegan hasta el final. Este libro no es simplemente un conjunto de ideas y reflexiones; es una puerta hacia un mundo nuevo, un mundo que tú mismo puedes crear, si decides hacerlo.

Has dedicado tu tiempo, tu mente y tu corazón a este proceso, y por eso te felicito. Este es solo el principio de lo que puedes lograr. Has sembrado una semilla y lo que viene a partir de ahora depende de cómo cultives esa semilla. Cada capítulo ha sido una invitación a redescubrir el poder que siempre ha estado en ti, y lo más increíble de todo es que lo que has aprendido no tiene límites. Tienes en tus manos la capacidad de romper cualquier barrera, superar cualquier obstáculo y, sobre todo, de transformarte en la persona que siempre has querido ser.

Quiero que recuerdes esto: no eres el mismo después de leer estas páginas. Has abierto una puerta hacia un nuevo nivel de conciencia, y ahora el mundo está lleno de posibilidades esperando que las reclames. La vida te ha brindado un lienzo en blanco y lo que decidas pintar en él depende de ti. Salud física y mental, bienestar financiero, relaciones humanas profundas y una conexión espiritual sólida... todo está interconectado. Cada uno de estos pilares es una pieza clave de tu vida y, al fortalecerlos, fortaleces tu ser.

No importa de dónde vengas, cuál sea tu historia o qué desafíos hayas enfrentado hasta ahora. Tú tienes el poder de redefinir tu vida. Lo que has aprendido en este libro te ha dado las herramientas y ahora es tu responsabilidad usarlas. Rodéate de personas que eleven tu energía, que compartan tu visión y que te inspiren a dar lo mejor de ti. Haz de tu entorno un campo fértil donde tu crecimiento personal sea inevitable.

El mundo no te debe nada, pero tú te debes todo a ti mismo. Y el mayor regalo que puedes darte es la decisión de no conformarte con menos de lo que realmente mereces. No te detengas ahora. Toma las riendas de tu vida con valentía y determinación. La transformación que has comenzado no tiene un final, porque siempre hay más altura por conquistar, más sueños por materializar y más de ti por descubrir.

Gracias de todo corazón por permitir que mis palabras formen parte de tu evolución personal. No olvides que cada paso que das, no importa cuán pequeño o grande sea, te acerca más a la vida que estás destinado a vivir. Y créeme, la vida tiene mucho más para ofrecerte de lo que puedes imaginar ahora mismo.

Sigue adelante, con la certeza de que el mejor capítulo de tu vida aún está por escribirse. No estás solo en este viaje. La transformación es un arte y tú eres el artista. Haz de tu vida una obra maestra.

Con profunda gratitud y admiración,

Francisco Cabrera

Bibliografía

Salud física y mental

1. Kabat-Zinn, Jon. *Full Catastrophe Living: Using the Wisdom of Your Body and Mind to Face Stress, Pain, and Illness.* Delta, 1990.
Proporciona herramientas sobre la atención plena, esenciales para la salud mental y física.

2. Goleman, Daniel. *Emotional Intelligence: Why It Can Matter More Than IQ.* Bantam Books, 1995.
Explora la inteligencia emocional y su impacto en la salud mental y las relaciones.

3. Brendon Burchard. *High Performance Habits: How Extraordinary People Become That Way.* Hay House, 2017.
Ofrece estrategias para mejorar la salud mental y el rendimiento.

Finanzas y dinero

4. Kiyosaki, Robert T. *Rich Dad Poor Dad: What the Rich Teach Their Kids About Money That the Poor and the Middle Class Do Not!* Plata Publishing, 1997.
Un enfoque sobre educación financiera que podría influir en las finanzas.

5. Sethi, Ramit. *I Will Teach You to Be Rich*. Workman Publishing Company, 2009.

Proporciona consejos prácticos sobre finanzas, útiles para una mejor gestión del dinero.

6. Dale Carnegie. *How to Win Friends and Influence People*. Simon and Schuster, 1936.

Aunque más centrado en las relaciones, también toca aspectos de cómo las habilidades interpersonales pueden impactar el éxito financiero.

Relaciones humanas

7. Devon, Susan. *The Five Love Languages: How to Express Heartfelt Commitment to Your Mate*. Northfield Publishing, 1992.

Ayuda a comprender las dinámicas en las relaciones que afectan a los seres humanos, promoviendo una comunicación más efectiva.

8. Harville Hendrix. *Getting the Love You Want: A Guide for Couples*. HarperCollins, 1988.

Un enfoque sobre cómo mejorar las relaciones románticas y la comunicación, relevante para todas las historias del libro.

Espiritualidad

9. Tolle, Eckhart. *A New Earth: Awakening to Your Life's Purpose.* Plume, 2005.
Aborda la transformación espiritual y la búsqueda de propósito, temas que resonarán con la experiencia del ser.

10. Dyer, Wayne. *The Power of Intention: Learning to Co-create Your World Your Way.* Hay House, 2004.
Explora la conexión entre intención y creación de vida plena, impactando las decisiones de todo en la vida.

11. Neale Donald Walsch. *Conversations with God: An Uncommon Dialogue.* Hampton Roads Publishing, 1995.
Un enfoque sobre espiritualidad y propósito personal que puede influir en los dilemas internos que a menudo enfrentamos a diario.

Enfoque integral

12. Murray, David. *The Balanced Life: A Holistic Approach to Health, Happiness, and Success.* Penguin Brooks, 2012.
Se enfoca en la interconexión de la salud física, mental y espiritual, crucial para entender cómo todos nosotros debemos afrontarlos.

Índice